ハイデガー入門

竹田青嗣

講談社学術文庫

目次

ハイデガー入門

序　章　ハイデガー哲学覚書

1　問題的哲学者としてのハイデガー——ふたつの力点

現代思想にとっての決定的な礎石

マルティン・ハイデガーはしばしば「二〇世紀最大の哲学者」と言われる。確かにそう呼ぶにふさわしいほど大きな影響を、彼は同時代以降の思想界に与えた。その見取り図は大きく見てつぎのようになる。

まず現代の実存主義哲学の流れがハイデガーを起点としている。もっともよく知られた後継者はジャン＝ポール・サルトル、そしてフランス現象学のもうひとりのスター、モーリス・メルロー＝ポンティ。ポスト構造主義への影響は、とくにジャック・デリダとミシェル・フーコーに著しい。さらに、ハンス＝ゲオルク・ガダマーに代表される解釈学。ルートヴィヒ・ビンスワンガー、ウジェーヌ・ミンコフスキーに代表される現存在分析。また、ジョルジュ・バタイユ、モーリス・ブランショなどに代表される文学者への影響も見逃せない。日本でも、三木清や九鬼周造や西田幾多郎がハイデガー哲学から出発している。

こう見ると、一九二七年の刊行直後から大きな反響をよんだ『存在と時間』は、その後、主として第二次世界大戦の終わりまでの間にヨーロッパの若きインテリに熱烈に読まれ、二〇世紀のヨーロッパ現代思想に決定的な影響を与えたことがよく分かるだろう。

一体ヨーロッパの若きインテリたちは、ハイデガーのどこにそれほど強烈な魅力を感じたのだろうか。おそらく、ハイデガーは彼らに、これまでの学問とはその趣きをまったく異にした新しい「人間の学」がありうることを示唆したのである。マルクス主義の社会参加でもなく、フロイディズムにおける心の暗い秘密でもなく、いわんや事実の学にすぎない実証科学でもない、まったく新しい「人間の学」。それがハイデガー存在論という新しい言葉の響きの中に予感されたものだった。

ちなみに、マルクス主義、フロイディズム、現象学、そしてハイデガーの存在論哲学、これらは二〇世紀現代思想の四つの礎石（ここに、ソシュールの言語学とヴィトゲンシュタインの論理学を加えてもいい）だったといえる。二〇世紀哲学におけるハイデガーの位置を、そんなふうに位置づけておくと分かりやすいと思う。

避けて通れない二つの問題

ところで、いま見たようにハイデガーは現代思想に大きな位置を占めているが、一方で彼ほど問題視され、評価の分かれている哲学者もいない。〝問題的〟という意味でも彼は超一級の思想家だと言える。大きな問題はふたつある。

まず第一は、彼のいわゆる「存在問題」がはたして根拠のあるものか否か、という問題。たとえば一方で、ハイデガーはきわめて難解な言葉で自らの哲学を謎めかしているが、結局彼の提出している問題は人間にとって無意味、無意義な問題にすぎないという見方がある。主として英米系の合理主義哲学からそういう批判が多い。要するに、ハイデガーはじつは巧妙な山師だ、という説である。

第二に、ナチズム加担問題。

ある人々にとっては、ハイデガーはナチズムに加担した反動的哲学者であり、その哲学とナチズム加担は深く結びついている。つまり、とうぜん彼の哲学は否定されるべきものとされる。だが別の人々にとっては、彼は西洋哲学の全体の流れから「存在」というもっとも深い問題を取り出した巨大な哲学者であり、ナチズムへの加担の問題は、誤解か、あるいはたとえ多少の関わりがあったとしても、その哲学的業績は否定しえない。

ハイデガーを読もうとするとき、この二つの問題は、どうしても避けて通れない関門だと思える。その上また、第一の問題は、いわゆるハイデガーにおける「転回」（ケーレ）の問題と深くかかわっている。というのは、『存在と時間』では比較的明瞭だった「存在思想」が、「転回」の後その中心軸を偏心させ、それに従って徐々に、ひどく茫洋とした謎めいた思想の形をとるに至るからだ。この謎めいた曖昧さの理由を〝解明〟することは、ハイデガー論における大事な課題のひとつだと思う。

第二の問題も、とうぜん第一の問題と関連している。

ハイデガーのナチズム関与については、以前から問題にはなっていたが、一九八七年にヴィクトル・ファリアスの『ハイデガーとナチズム』（山本尤訳、名古屋大学出版会、一九九〇年）が出版されるや、フランスを中心に、アンチ・ハイデガー派とハイデガー擁護派の間で大きな物議をかもした。ファリアスの本は、ハイデガーが積極的なナチストであったことを綿密に〝実証〟するようなものだったからだ。

ファリアスの著作は、あらかじめハイデガー＝ナチズムという図式を前提に出発している節があるとは言え、その中身はかなり説得力があり、結論もまずは妥当なものと思える。つまり、ハイデガーがナチズムに関与したのはフライブルク大学総長就任の短い時期だけで、あとはナチズムに失望して哲学的な場所に身を持していたというこれまでの定説は、この本によって信用しがたいものになった。わたしの感触では、ファリアスのハイデガー＝ナチズム説は、まず七割方認められると思う。しかし、それにもかかわらず、その事実とハイデガー思想の卓越は矛盾しないのか、それともするのかという問題は残る。これもハイデガーを読む際のひとつの重要な問題点なのである。

しかし、この第二の問題点は、わたしにはむしろ、第一の問題の理解からはじめて内的な了解感がやってくるようなものと思える。後期「存在」思想がなぜあれほど難解で謎めいたものになったのか。このことが適切に〝解明〟されれば、ハイデガーとナチズムの近親関係にもまた、ある了解感がもたらされるはずなのである。そして、おそらくここには、現代社会における、「正義」、「救済」、「真理」といった問題についての重要な試金石があるのだ。

2　新しい人間学――「存在」思想と「存在問題」

“自明のもの”を問う

ハイデガー哲学の最大のテーマは、キーワードとして言えばただひとこと、「存在」という問題である。だが、これがなかなか簡単ではない。

まず彼は、『存在と時間』でこう宣言する。これまで哲学は「存在」ということを自明のものとして扱ってきた。つまり、「ある対象（世界）がいかなる存在か」を問うてはきたが、「そもそも存在とは何か」と問うたことはまったくなかった。いわば存在の「存在性」それ自体を問うことはなかった。そこで、これから自分が、哲学史上はじめてこの問題を本格的に問うてみせる、と。

これまでの存在問題は、たとえば「世界の原理は何か」とか「神は存在するのか」とか、「自由の原因は何か」とか、「事物の落下の法則は何か」といったことを究明しようとしていた。これに対して、ハイデガーの「存在問題」は、「そもそも存在（ある）とは一体どういうことか」と問うのだ。

この問いは大きく言って三つの方向をもつ。①どういう方法で、この問いを問い進めることができるか。②何のためにこんなことを問うのか。③どこに行き着けばこの問いは納得の感じを与えるのか。

おそらくまず大抵の人は、いったいどう考えたらこんな問いを問い進めることができるか、見当もつかないだろう。しかし、ハイデガーはこれをじつに見事に、「なーるほど」と思わせる仕方で問い進めてみせる。少し哲学好きな人なら、まずこの問い進め方をみて驚き、感心するに違いない。

それだけではない。ハイデガーはそういう問いを起点として、人間存在の存在論的分析なるものをおこなう。その中心は、「死の現存在分析」とよばれている。つまり、「死とは何か」という問いを手掛かりに、人間の生の（実存の）本質を探ろうとするのである。『存在と時間』にはまだまだ続きがある。しかし、実質的には「死の現存在分析」がこの書物の白眉で、おそらくヨーロッパの若いインテリたちを引きつけた大きな魅力の源泉もここにあったと思う。ハイデガー「存在論」とはじつはハイデガー実存論でもあった。つまり人間の「生き方」についての哲学的探究がありうるというメッセージ。またこの実存論こそ、これまでの哲学的探究の底に隠れていた哲学の「本来の問い」であるというメッセージ。それらが、大戦前後の暗い世相を生きていた若者たちの心を強烈に捉えたのである。

力点の変容

木田元は『ハイデガーの思想』（岩波新書、一九九三年）で、『存在と時間』が当初「実存思想」の原典のように受け取られたことにハイデガーが拒否感を示し、自分の狙いはあくまで「存在一般の意味の究明」にあったと力説している点を指摘している。たしかにその通りだが、ただハイデガー自身の見解とその思想の影響とは必ずしも一致しないので、『存在と時間』における実存論が圧倒的に実存思想として影響を与えたことは疑えないと思う。またハイデガーが本来の狙いだとする「存在一般の意味の究明」なるものがやっかいで、これがきわめて難解で茫漠としているために「転回《ケーレ》」が大きな問題となるのである。

つまり、『存在と時間』で示された思想の核心は、この後の「転回」によって、問題の中心点の微妙かつ重大な変更を示すことになるのだ。

『存在と時間』の後の、「存在」問題における中心点の重要な変更、これがハイデガーの「転回」と呼ばれるものだが、その最大の標識は、〈「存在」の本質は人間存在において捉えられる〉から、〈人間存在は「存在」の本質から把握される〉へ、という力点の変更だと言える。

また、『存在と時間』では、その人間存在の分析と探究は誰でもそれなりに追えるものだったのに、「転回」以後、その論述はきわめて難解かつ謎めいたものになる。そればかりでなく、「存在の真理」の問題は言語による表現を超えるようなものだ、というニュアンスが前面に現われる。そのために、ハイデガーの「存在問題」全体が一種、謎めいた予言あるいは黙示録のようなものに近づいていく。そして、これは多くの論者が述べていることだが、後期のハイデガー思想を自信をもって注解できる論者はまず皆無、という状態になるのである。

つまり、『存在と時間』以降のハイデガー、「転回」以降のハイデガー、これが二〇世紀最大の哲学者と言われるハイデガーのもうひとつのやっかいな問題である。第一に、だんだん謎めいてわけが分からなくなる「存在」思想。じつは現代的な意匠によって粉飾された「神学」ではないかという批判も、幾人かの思想家（カール・レーヴィットなどは代表格）から提出されている。そこから、ハイデガーはつまり山師なのではないかという疑いが現われる。第二に、何と言っても、あのナチズム加担問題である。

これが、はじめに示唆したハイデガーの〝問題性〟の大きな輪郭だと言ってよい。

3　ハイデガーを読むために

わたしにとってのハイデガー

ここで、わたしがハイデガーについて書こうとする理由を述べてみたい。

わたしがはじめてハイデガーを読んだのは三〇代のはじめの頃である。読み出した動機は、単にハイデガーが非常に高名な哲学者だからというだけではない。二〇代の後半、自分の行き先に思い悩んでいたとき、「時間」というものの謎に立ち止まってひどく考えこんだことがある。それを象徴的な問いの形にすると、「自分が死んだ後、時間は存在するのか」である。これはまた、「宇宙のすべての生命が死に絶えたあと、時間は（＝世界は）存在するのか」という問いに変奏される。

この問いは、たぶん「自分の死」という問題に絡んで切実なものになっていた。他の場所でも書いたことがあるが、わたしは小学生の頃から、「いつか自分も死ぬ」という観念に耐えられなくなって突然恐怖に駆られる、ということがしばしばあった。大学生の頃にそれはもっともひどくなったが、あるときドストエフスキーの『罪と罰』を読み、スヴィドリガイロフという登場人物のセリフに出会って、それ以後どういうわけかそれほど死の不安に煩わされなくなったという経験がある。

そのセリフというのは、わたしの記憶では、《永遠というのは蜘蛛が巣を張っていて、誰も寄りつかなくなった小屋みたいなものだ》というものだったが、せっかくだから、この際、小説から引用してみよう。

「われわれはつねに永遠というものを、理解できない観念、何か途方もなく大きなもの、として考えています。それならなぜどうしても大きなものでなければならないのか？　そこでいきなり、そうしたものの代りに、ちっぽけな一つの部屋を考えてみたらどうでしょう。田舎の風呂場《ふろば》みたいなすすだらけの小さな部屋で、どこを見ても蜘蛛ばかり、これが永遠だとしたら。わたしはね、ときどきそんなようなものが目先にちらつくんですよ」（『罪と罰』下、工藤精一郎訳、新潮文庫、一九八七年、第四部）

ドストエフスキーの小説には、どんな場面にも、いわば実存という場所に封じ込まれた生を自覚している登場人物たちの、言いがたい思いがなまなましく脈打っている。これはそういうセリフの代表例で、ここでは通俗的な時間表象（時間のイメージ）の大胆な転換が行われている。つまり、ドストエフスキーがこのセリフにこめているのは、いつか終わりがやってくる個々人にとっての固有の生の時間と、一般的、客観的な時間というものの間の奇妙なズレという問題なのである。

六〇パーセントの解答

わたしは、『存在と時間』というタイトルに直観的に引かれるものを感じていて、これをいつか読みたいと考えていたが、とうとうある日から、一日三〇頁というノルマを決めて読みはじめた。さて、ではそこに、時間という不可思議なものの謎は、見事にその解答が与えられていただろうか。

　わたしはそれを、六〇パーセント、と言いたい。

　この六〇パーセントは、当てずっぽうで言うのではなく、わたしなりの自信がある。その根拠は、後に読者に示すつもりだ。

　さしあたって大事なのは、わたしが『存在と時間』に直観したもの、時間の謎というものがそこで確かに問題とされており、ある程度答えられていたということだ。言い換えれば、わたしは『存在と時間』を、自分の、他と取り換えがたい固有の生の意味を了解させてくれるかもしれないものとして読みはじめたのだが、それは確かにこの期待にある程度応えてくれる書物だったのである。

「存在」と「時間」の問題は、それが切実な問題となる理由を人間の実存感覚のうらにもっているが、『存在と時間』ではまさしくそのようなものとして問題が語られている。しかもそれは、かなりいい線いっている、ドストエフスキーの小説にだって負けていない、というのがわたしの感覚だった。この書物でそれらの問題がどのように語られているか、もちろん後で示してみたい。

いま振り返って言えば、たまたまわたしは、すでにフッサール現象学に親しんでいて、その思想の輪郭を自分なりにつかんでいた。そしてそのことは自分の『存在と時間』体験にとっては決定的なことだったと思う。『存在と時間』にとって現象学の方法はこの上ない重要性をもっていたからだ。

わたしは、ハイデガーが『存在と時間』において、現象学の方法をどのように使っているかがよく理解できたし、じつは、またどこでそれを逸脱しているかについてもだいたい理解できた。のちに見るが、その逸脱とは「頽落（Verfall）」の概念に発する〝頽落論〟的構図のことだ。だが、はじめはそのことはたいした傷のように見えなかった。だからわたしは、『現代思想の冒険』（ちくま学芸文庫、一九九二年）や『自分を知るための哲学入門』（ちくま学芸文庫、一九九三年）などの著作では、ハイデガーの「頽落」概念をかなり好意的にあつかっている。

しかし、後期ハイデガーをくわしく読むにしたがって、その逸脱は現象学的な観点からは致命的なものになっていることが、わたしに明らかになってきた。ひとことで言うと、それは新しい自己了解の可能性を示唆する概念というより、文字通り、本質的なものからの頽落、本物から偽物への転落という、悪しき意味でのイデア論的構成を示す概念になっているからだ。

くりかえしていうと、ハイデガーの思想の進み行きは、「実存思想」から「存在思想」への〝転回〟を示している（たとえば、渡辺二郎の浩瀚なハイデガー研究の書名は、『ハイデッガーの実存思想』と『ハイデッガーの存在思想』（ともに、勁草書房、一九六二年）である）。この〝転回〟の事情をうまく解明できるかどうかが、ハイデガー思想の全体を（ナチズム問題もふくめて）うまく了解できるか否かのツボだが、おそらく「頽落」概念はその問題の中心に位置しているのである。

呪われた亡霊

わたしは、ハイデガーの哲学は、ヨーロッパ現代思想の弱点、ナチス＝ユダヤ問題への〝後ろめたさ〟を引きずりながら、多くの衒学的な哲学者たちのスコラ論議によって、二〇世紀西洋史の呪われた亡霊として長く生き延びてきたと考えている。この亡霊はできるだけ早く鎮魂し、手厚く葬る必要がある。そのためになにより必要なことは、ハイデガーの哲学の強烈な魅力の本質と、それが奇妙な形而上学へと〝頽落〟したその本質的理由を判然とさせることなのである。

わたしは、その作業を行う上で、他の人たちより少しは有利な立場にあるかもしれない。第一に、わたしはフッサール現象学について、多少自分なりに突っ込んだ理解を持っていると思う。第二に、わたしには気をつかうべき学問上の先達もいないし、一方でハイデガーの思想をきわめて高く評価しているので、それを批判するのに何のためらいも持たない。第三に、わたしは在日朝鮮人なのでユダヤ人問題その他に脅かされる理由が少ない——。

もう本論に入るべきときだが、わたしの心構えを言っておくと、ハイデガー哲学についての論考を、いくらでも難解にもって回って書くことができる。しかし、マルクス主義の処理と並んでハイデガー哲学の処理をも二〇世紀思想が残した大きな課題のひとつと考えるならば、それを何か深遠、難解、高尚なもののように描き出すことがすでに根の深い敗北のはじまりなのである。ここでもわたしは、なにより「事態をできるかぎり分明にするために書く」ことを心がけたいと思う。

第一章　「存在」問題について

1　来歴

まずはじめにハイデガーの来歴を押さえておくことにしよう。ハイデガー哲学の進み行きを簡明にイメージできるように〈早分かり年表〉を置いておく。

生い立ちと修行時代

ハイデガーが生まれたのは、一八八九年九月二六日、ドイツ、シュヴァーベン地方のメスキルヒという町。父親フリードリヒ・ハイデガーは教会の管理人で、両親ともカトリック教徒だった。ニーチェが父方・母方ともプロテスタント牧師の家すじだったのと好対照である。兄、弟と妹がいた。

メスキルヒで小学・中学を終えた後、コンスタンツの高校に通う。のちにフライブルクの高校に移る。この頃、父の友人で後にフライブルク大司教となる人から、フランツ・ブレン

て』、『形而上学とは何か』刊行。

1930年（41歳）「真理の本質について」講演。

ナチス協力

1933年（44歳）　フライブルク大学総長就任演説「ドイツ大学の自己主張」。この年、ナチス的宣伝論文などを多く書く。

1934年（45歳）　総長を辞す。

後期ハイデガー

1935年（46歳）「形而上学入門」講義。

1936年（47歳）「ニーチェ」講義はじまる（1940年まで）。「芸術作品のはじまり」講演。

1942年（53歳）「プラトンの真理論」発表。

1943年（54歳）『真理の本質について』、『ヘルダーリンの詩作の解明』刊行。「ニーチェの言葉〝神は死せり〟」講義。

1945年（56歳）　敗戦。1951年まで教職活動を禁止される。

戦後の活動

1946年（57歳）「ヒューマニズムについての書簡」（ジャン・ボーフレ宛書簡）。

1947年（58歳）『ヒューマニズムについて』刊行。

1950年（61歳）『森の道』（「世界像の時代」、「芸術作品のはじまり」収録）刊行。

1956年（67歳）『哲学とは何か』刊行。

1961年（72歳）『ニーチェ』刊行。

1976年（86歳）　死去。

ハイデガー早分かり年表

生い立ち

1889年（0歳）　バーデンのメスキルヒに生まれる。父フリードリヒ・ハイデガーは教会の管理人。両親ともカトリック教徒。

1903年（14歳）　コンスタンツのハインリヒ・ズーゾ・ギムナジウム入学。のちフライブルクのベルトルト・ギムナジウムへ。

1907年（18歳）　父の友人の司祭から贈られたブレンターノの論文「アリストテレスにおける存在するものの多様な意味について」を読み、哲学の存在問題に興味を持つ。

1909年（20歳）　フライブルク大学に入学し、神学を専攻。フッサール『論理学研究』などを読む。

1911年（22歳）　神学研究を放棄し、哲学に進む決意をする。

1915年（26歳）　教授資格論文「ドゥンス・スコトゥスの範疇論と意義論」。冬より私講師として講義。

フッサールとの出会い

1916年（27歳）　フッサールがフライブルク大学に着任。

1919年（30歳）　歩兵隊として前線訓練を受ける。この頃からフッサールに師事して現象学を教わる。

1923年（34歳）　『存在と時間』の草稿（「ナトルプ報告」）に取り組みはじめる。

『存在と時間』

1927年（38歳）　『存在と時間』刊行。マールブルク大学正教授となる。

転回の開始

1929年（40歳）　『カントと形而上学の問題』、『根拠の本質についターノの論文「アリストテレスにおける存在するものの多様な意味について」を教えられ、これが存在問題にめざめるきっかけになったと言われる。

一九〇九年、フライブルク大学神学部に入学。三年後、家族の反対を押して哲学部に転部。これも神学専攻をやめて古典文献学へ転じたニーチェと似ている。この頃に、ヘルダーリンをはじめとして、ニーチェ、キルケゴール、ドストエフスキー、ヘーゲル、シェリング、リルケ、ディルタイなどを読んで大きな刺戟を受けたというから、すでに実存的問題を心の奥深く抱いていたと思わせる。現象学に触れたのもこの頃で、『論理学研究』などを読んでいる。

一九一三年に学位論文「心理主義における判断論」を書くが、これにはフッサールの（とくに『論理学研究』における心理主義批判の）影響が窺える。そして教授資格論文「ドゥンス・スコトゥスの範疇論と意義論」が一九一五年。この論文によってハイデガーは、卒業後もフライブルク大学で非常勤講師を務めながら哲学研究を続けられることになった。

一九一六年、指導教授だったリッケルトがハイデルベルク大学に移る。その後任としてやってきたのがエトムント・フッサールである。リッケルトは新カント派のビッグネームだが、この交代はある意味で象徴的だ。というのは、ドイツにおいて新カント派が徐々に力を失いつつあり、フッサールはすでに中期の主著『イデーン』（一九一三年）を発表していて、現象学の運動が新しい哲学の潮流として注目されはじめていたからである。

ヨーロッパの哲学状況

ところで、ドイツは一九一八年に第一次大戦における敗戦の後、反帝政の革命が起こり、社会民主主義を中心勢力とするワイマール体制が成立して、敗戦後の再建に向かうことになる。一九二四年頃から二九年にかけてドイツ経済は諸外国による外資投入を背景に活気を呈するが、その一方でベルサイユ体制による賠償金等の締めつけもきびしく、これが結局ドイツ国民に圧迫感を与え、その右傾化を促す大きな要因となった。

第一次大戦は、ヨーロッパの合理的理性に対する信頼に大きな衝撃を与えた。これを通して資本主義と植民地主義の矛盾が誰の目にも明らかなものとなっていったからだ。さまざまな形で噴出する社会の矛盾は、一方で労働者の運動を激発させ、もう一方で若きインテリたちに社会の中での自分の存在の意味を考えさせることになる。ヘーゲル哲学に象徴されるような近代的個人と社会との調和的関係への信頼は崩壊し、一体どの方向に進めば展望が開けるのか誰にも見えなくなる。

同時代の思想として象徴的なものを挙げれば、ジンメルやデュルケムが社会と人間の生の関連を基礎づけようとし、フロイトは人間の理性の裏にひそむ巨大な「非合理なもの」の存在を指摘する（『精神分析入門』一九一六―一七年）。ベルクソンは「自由とは何か」を哲学の考察の中心にすえ（『精神のエネルギー』一九一九年）、ルカーチは、マルクス主義の展望を土台にして、ひとつの生の決断として歴史的実践の哲学を提示する（『歴史と階級意識』一九二三年）。また、これまでの哲学的考察の一切を論理や言語の原理から建て直そうとする試みとして、ヴィトゲンシュタイン（『論理哲学論考』一九二一年）やフッサール（『イデーン』）が現れる。ハイデガーの『存在と時間』は、こういった時代背景の中で、世界像の根本的な建て直しの試みの一つとして登場したのである。

この時期のドイツの哲学界の動向を見ると、フライブルク大学でのリッケルトとフッサールの交代に象徴されるように、新カント派がこの時期に急速に凋落していく。大戦前後の世界情勢の混乱の中で、厳密な学的批判主義をとる新カント派ではなく、むしろ生のあり方や実存を考察の対象とする生の哲学、実存論、現象学などが新しく哲学の主流となるのである。マールブルク大学はもともと新カント派の「マールブルク学派」の拠点であり、ヘルマン・コーエンやパウル・ナトルプなどがその代表格だったが、やがてハイデガーはこの大学の正教授となり、現象学運動の若き担い手と目されることになる。

確立する名声

さて、フッサールはドイツ哲学界の新しいスターの一人だったわけだが、ハイデガーは運よく同じ大学に居合わせて親しくフッサールの教えを受けることになった。二人の親密な関係は一九一九年頃に始まるが、フッサールはハイデガーの才能に惚れ込み、ハイデガーを現象学の第一の後継者と見なすようになる。しかし、ハイデガーはやがて徐々に自らの哲学の独自性を押し出していく。そして、ドゥンス・スコトゥスについての教授資格論文から一〇年近くを経て、ついに一九二三年には未完成稿の『存在と時間』（「ナトルプ報告」）に取り組みはじめた。

一九二七年には、『存在と時間』の前半部（フッサールへの献辞つき）として正式に刊行。これによってマールブルク大学の正教授となる。反響は大きかった。これ以後ハイデガーはフッサールの一番弟子という存在ではなくなり、独自の実存論・存在論によってドイツの思想界にその名を知られるにいたる。それればかりでなく、やがてその名声はヨーロッパ中に広がることになる。

一九二九年、『形而上学とは何か』、『カントと形而上学の問題』などを刊行、三〇年には「真理の本質について」の講演を行うが、ヨーロッパ哲学を頽落した「形而上学」の歴史と見なし、それまでの真理概念を批判する独自の「真理」概念を提出する。ここにいわゆる「存在」思想の〝転回《ケーレ》〟がはじまる。

一九三三年、フライブルク大学総長に就任、「ドイツ大学の自己主張」という悪評高い総長就任演説を行う。ほかにも、この年、ナチズムへの加担を示す宣伝論文などを多く書いたようだ。しかし三四年には、ナチスの主流勢力、文部大臣などとの齟齬も生じ、一九三四年、総長を辞任。なお、この間の経緯については、ファリアスの『ハイデガーとナチズム』がくわしく調べている。

一九四五年の敗戦に至るまでの主な業績としては、「形而上学入門」講義、「プラトンの真理論」、「ニーチェの言葉〝神は死せり〟」講義、『ヘルダーリンの詩作の解明』などがある。

また、一九三六年から「ニーチェ」の講義がはじまり、三八年には「世界像の時代」の講演がある。プラトン、アリストテレスの哲学を人間中心主義的な真理論の発端とみなし、以後近代哲学へと繋がるヨーロッパ哲学の全体を批判。「真理の初原的な本質」へ立ち返れという後期独特のメッセージがはっきりする。

第二次大戦後の活動

一九四五年の第二次大戦終結後は、占領軍の指令によって教職活動を禁止される（五一年まで）。四六年秋に、フランス人、ジャン・ボーフレの質問に答えた書簡、「ヒューマニズムについての書簡」が書かれる。これは翌四七年に『ヒューマニズムについて』として刊行され、話題を呼んだ。

ここでハイデガーは、ジャン＝ポール・サルトルの実存哲学やマルクス主義などを、「ヒューマニズム」として批判する。ここで言うヒューマニズムとは、「世界」を人間の側から秩序づけ、統合し、利用する人間中心主義のことであり、プラトン、アリストテレスの真理概念に端を発するものとされる。人間が「存在の真理」を世界に与えるのではなくて、むしろ「存在」それ自身が人間にその存在と真理を与えている、というニュアンスがいっそう際立てられる。

戦後の活動の大きな節目としては、「芸術作品のはじまり」以降の一連の芸術論や詩人論、また一九六一年に刊行された大著『ニーチェ』ということになるだろう。

わたしの見るところ、『ニーチェ』第一巻は、ハイデガーによるヨーロッパ形而上学批判とその源流をなすニーチェのそれとの渾身の格闘であり、また、後期ハイデガーによる「転回」以前の著作『存在と時間』との格闘だといえる。そのテーゼが「ニーチェはヨーロッパ形而上学の完成者である」という言葉だ。

さて、それはどんなものになっているのか。わたしたちはこれから、ハイデガーの歩いた哲学の思索の道を、主著『存在と時間』から辿ってみることにしよう。

2　「存在」問題の提起

はじめに、『存在と時間』全体の目次を紹介しておこう。ただし、目次を見て分かるように、第一部で未完となっている（以後『存在と時間』の引用は、原佑責任編集『ハイデガー』（「世界の名著」74）、中央公論社（中公バックス）、一九八〇年所収の原佑・渡辺二郎訳による。引用箇所は通しの節番号で表記した）。

ドラマティックな問題提起

ハイデガーは、序論「存在の意味に対する問いの開陳」で、いわゆる「存在問題」を提起する。この提起の仕方がなかなかドラマティックである。まず彼は、こう言う。

これまで哲学は伝統的に「存在」ということを問題にしてきた。しかし、そこで「存在」は本当に厳密なかたちで問われたことはなかった。じつは「存在」問題は「忘却」されてい

『存在と時間』目 次

たのだ、と。
「存在」という概念は従来三つの先入見があった。存在は「最も普遍的な概念」であるというのが一つ。つまり「存在」という概念はあらゆる存在物の分類の最高クラスに当たるという考えである（だけどほんとうは「存在」とは分類概念なんかではない、とハイデガーは言いたい）。二つ目は、「存在」という概念は「定義不可能である」という先入見。これはさっきの先入見からの帰結でもある。「存在」は最高の分類概念だから、これを他の（低いクラスの）存在物を寄せ集めて定義することは不可能、という見方だが、これもおかしい――。

最後の先入見は、「存在」は自明の概念であるという考え方。誰でも「空は青くある」とか、「私は喜んでいる」というときの、あるやいるが何を意味しているかをぼんやりとは〝知っている〟。もしそれが何であるかをぜんぜん知らなければ、そういう言葉を使うこともできないわけだから。

だから、「存在」はふつう人間にとって自明のものと思われている。だが、とハイデガーは言う。それはほんとうに〝自明〟のことがらだろうか。たしかに人間は「存在」が何であるか、漠然とは知っている。しかし、その深い本質となると、これを誰も真剣に考えたことがないし、そのような探究の対象として自覚されたこともなかったのだ、と。こうして、ハイデガーは次のように言う。

だが、以上の諸先入見を考量してみると、同時に判然となったのは、存在を問いたずねる問いに対して答えが欠けているばかりではなく、それどころかこの問い自身が曖昧で方向を失っているということである。だから、存在問題を繰り返すことは、まず第一にその問題設定を十分に仕上げることにほかならないのである。〔第1節〕（「答え」、「設定」以外の傍点は引用者）

傍点のところが重要だ。「存在」とは何かと問うことはそう簡単なことではない。何となく「存在とは何か」と問うてもどこにもいきつかないからだ。肝心なのは、まず「存在」の本質をふかく探究するための方法（＝問題設定）を確定することだ。

おそらく、哲学好きの読者が『存在と時間』を読んでいくと、ちょうど、推理小説好きの読者が、物語の冒頭で壮大な難事件を提示されてゾクゾクワクワクするような、そんなスリルに満ちた感覚を味わうに違いない。

というのも、ハイデガーが言うように、ふつうは「存在とは何か」といった問いは、「事物（世界）はあるからあるんだ」と言うほかないような、つまりすぐに行き止まりになってしまうような問いだからだ。ハイデガーはこれから、この問いをどんどん問い進めてみせようと言う。そして実際、それは深く深く掘り進められていくのだが、この道なき道を存在問題の深みへとどこまでも問い進んでいく感覚が、まず『存在と時間』の魅力の入り口なのである。

存在問題を進めるための方法論

ただし、ここでは、そもそも「存在」問題とは一体どういう意味を持っているのか、この「存在」なるものを問うことがなぜそんなに大事なのかということについては、それほどはっきりしないが、これについてはあとで解説する。さしあたり注意すべきことは、ハイデガーがここで提示している、存在問題をふかく問い進めていくための方法論である。少しやっかいだが、一応おさえておく必要があるので、ハイデガーの言うところをざっと追ってみる。

①まず人間の「存在《ありかた》」[1]を問え。——「存在」それ自体が何であるかを問いつめるためには、まず人間の「存在《ありかた》」を問うということが必要。ここで彼は人間存在を、とくに「現存在」と術語化する。はじめに現存在（人間）の「存在《ありかた》」を問う。これがはっきりすれば事物の「存在」の何であるかが自ずとはっきりする。そして、そこから「存在」それ自身へと迫ることができる。

②「存在とは何であるか」という問いは、普通の人間の「存在了解」[2]に向かって尋ねよ。
——これについてはつぎのような言葉を見よう。

「存在」とは何のことであるのかを、われわれは知ってはいないのである。しかし、

「『存在』とは何であるのか」と、われわれが問うときにはすでに、われわれはこの「ある」についてなんらかの了解内容をもっているのだが、この「ある」が何を意味しているのかを、われわれが概念的に確定しているわけではあるまい。われわれは、そこからその意味を捕捉し確定すべきはずの地平をすら、識別してはいないのである。こうした平均的な漠然とした存在了解内容は一つの現事実である。［第2節］

「存在」の本質が何であるか、われわれはもちろんまだはっきりとは知らない。しかし、われわれは「存在とは何であるか」という問いを発するような存在である。そうである以上、われわれは、じつは「ある」ということがどういうことなのか、漠然とは知っているはずだ。だから、この問いを、たとえば哲人や賢人が並はずれた知力で見通す「真理」のようなものと考えてはいけない。ふつうの人間が「ある」（＝存在）ということを知っているその仕方（＝「平均的な漠然とした存在了解内容」）、それをふかく鋭いものに仕上げていく、そういう仕方で「存在とは何か」は探究されなくてはならない。また、そうして「存在の本質」をよくつかむことができれば、なぜ人間の存在了解が、ふつうそんな漠然とした形をとっているのかについても、はっきりする。そうハイデガーは言っている。

③いかなる「オトギ話」をも述べない、ということについて。つぎのようなテクストがある。

存在問題を了解するときの哲学的な第一歩は、「イカナルオトギ話ヲモ述ベナイ」という点にある。〔同前〕

これは少し注意を要する。ハイデガーによれば「存在」とは何らかの「存在者」ではない。たとえばそれは神やイデアのようなものでもないし、山とか木とか机のようなものでもない。それは何か実在的な存在ではない。だから、「存在」を、モノとしての「存在者」が何であるかを説明するような仕方で説明しても、全然無効である。

一般に存在者は、たとえばその諸素材、諸性格、諸機能、等々から説明される。しかし「存在」と「存在者」とはまったく違ったものであって、だから、「存在」が何であるかをいうためには、そういう仕方とは全然違った説明様式が必要になる。

そこで「オトギ話」だが、「存在」というのは、いわば存在者を究極的に規定するものだから、ある意味で根源的、絶対的な何かである。だが、そういうものの由来についてはしばしば「オトギ話」が使われる。たとえば「神が六日で世界を作った」とか「生きとし生けるものはすべて輪廻転生する」とか。しかし、そういう説明法はここでは禁じ手にしなくてはならない。それは「存在」を存在者的なものに還元して説明することになるからである。

④最後に、「循環論法」が避けがたいこと。

ここまでこう進んできた。「存在の本質」を確かめるには、次の順序を守ることが重要だ。まず現存在の「存在」を問うことが必要。そのために人間の平均的な「存在了解」のありようを分析すべきだ。ここから事物の「存在」の本質についてもはっきりする。そして、最後に「存在」それ自身の何であるかが明らかになる……。

ところで、しかしこの進み行きでは、最後に究明されるべきもの（「存在」）が、あらかじめ前提されているように見えるかもしれない（はじめに、人間存在の「存在」を問うわけだから）、とハイデガーは言う。だから、これを読者が「循環論法ではないか」と思ったとしても無理はない。だけど、じつはそうではない。

はじめに言ったように、ここで大事なのは、誰でもすでにぼんやりした形で持っている「存在了解内容」（＝存在がどういうことなのか）を、徐々にはっきりしたものに純化していくという作業だからだ。それは、たとえば数学の証明のように論理的なものを厳密に演繹するということとは違う。だから、この分析論では、循環論法はある意味で避けがたい、と。

特別な工夫

序論の第1、2節はほぼこんなところだが、つづいて第3節（「存在問題の存在論的優位」）、第4節（「存在問題の存在的優位」）がある。難しそうなタイトルだが、ざっと言うとこうなる。

「存在問題」を論究するにあたっては、まず「事物が何であるか」よりも、「そもそも存在とは何か」という問いが重要であるということ（＝存在論的優位）。「存在論的」とは、〝存在を問題にするような〟とでも読んでおくといい。それから「存在的優位」とは、やはり「存在問題」を論究するにあたっては、人間という存在（＝現存在）は他の諸存在（事物存在）に対して優位を持っているということ。その理由は、人間は「自分の存在がどういう存在であるかを問題にする」ような存在だからだ。また、このような人間の「存在仕方」をハイデガーは「実存[3]」と呼ぶ。

序論の第二章でも「存在問題の開陳」が続くが、ポイントは三点である。

まず一つ。「存在」の探究のためにはまず人間存在（現存在）から出発すべきことがはっきりしたが、しかし実際は「現存在は存在論的には最も遠いものである」。なぜかというと、なるほど人間存在は唯一「自分の存在のあり方を問題にするような存在」なのだが、しかしふつうの状態では、自分の存在のあり方についてきわめて無自覚にしか問題にしていないからだ、と。この人間の「無自覚な存在了解」のあり方をハイデガーは「頽落」と呼ぶが、まさしくこれが最大の〝問題的〟な概念であるから、読者はよく記憶しておいてほしい。

ともあれ、単に人間存在の存在了解を押し進めただけでは「存在」の本質に達するのは難しい。そのためにはある特別の工夫が必要になる。特別の工夫とはつまり、現存在の「存在」を「時間性」という形で捉えるということ。

二つめは、この「存在問題」の探究は、「存在論の歴史の破壊（解体）」という課題を持っている、という話。

人間の存在論の歴史というものがある。それはいくつかの理由で非常にまずいものになっている。だから、その歴史を辿りなおして、なぜ真の意味での「存在」が忘却されたのかを明らかにしなくてはいけない。その例としてハイデガーは、カント、デカルト、アリストテレスを取りあげて予備的に論じている。

さて三つめ、これがここではもっとも大事なポイントだ。述べてきたような現存在の分析を行うに際しては、どうしても「現象学の方法」を使う必要がある、と主張する。

ここでハイデガーは、「現象学」を「現象」と「学（＝ロゴス）」という二つに分割し、それぞれを語源的に分析しながら、現象学の本義が何であるかを導く、という手の込んだやりかたをしている。ハイデガーによると、まず「現象」という概念は、何か「当のもの」がどこかに隠れていて、それが仮象（誤った現われ方）とか、表象（代行的な現われ方）とか、単にその存在を告知するだけとかいう仕方で「おのれを示す」という意味を持つ。つぎに「ロゴス」の本義は、「当のもの」を隠されていた状態から暴露して、その「真」を見させる、という意味を持つ。

だからこれを総合するとこうなる。現象学の本義は、つぎのように言い表すことができる。「おのれを示す当のものを、そのものがおのれをおのれ自身のほうから示すとおりに、おのれ自身のほうから見させるということ（アポファイネスタイ・タ・ファイノメナ）」と。「存在」についての存在論的な問いにおいては現象学の方法が必須である。これは『存在と時間』におけるいわば〝方法序説〟であって、大変重要なところだが、これに関してはつぎの章でまとめて考えることにする。

「存在問題」の開陳の要素と基本術語

こうして、序論での「存在問題の開陳」の要点はだいたい次のようになる。

①「存在問題」を開始せよ――これまで「存在とは何か」という問いは、「事物がどういうモノであるか」という問いを意味した。そうではなくて、「そもそも存在とは何か」と問わなくてはいけない。かつて哲学はけっしてそのように問わなかった。これから自分がその問いを開始する。

②この問いは、ふつうの人間が持っている「平均的な（ぼんやりした）存在了解内容」を始発点とすべきだ。

③「イカナルオトギ話ヲモ述ベナイ」という禁じ手を守れ。「存在」は存在者を説明する「存在的」な視点（＝事実関係を問う視点）では問えない。それは「存在論的」（＝意味本質を問う視点）によってはじめて可能である。

④人間存在の「存在」はこれを「時間性」という観点に向かって問いすすめる必要がある。

⑤全体として「存在」についての存在論的な問いは、現象学の方法をその基礎とする。

ここからハイデガーは、いよいよ「現存在」についての実存論的分析なるものへと踏み込むのだが、さしあたりまず、『存在と時間』での基本術語をよく頭に入れておくことが必要だ。いちおう大事な術語を整理しておこう。

・「現存在」↓人間のこと。
・「存在者」↓存在する事物、ものごとのこと。
・「存在的」↓「机とは何か」と問うとき、机なる存在者は木と釘と革からできている、と答えるような見方。その存在者の「何であるか」を事実関係として問題にする。「事実関係を問う」と置き換えればいい。
・「存在論的」↓「机とは何か」と問うとき、「そもそも実在物があるとはどういうことか」と問うような見方。「存在論的」とは「存在」それ自身が「何であるか」を問題にするような視点、という意味である。「意味本質を問う（ような）」と置き換える。
・「実存」↓つねに自分自身の「存在」（あり方）を問題にするような仕方で存在しているような存在者の「存在」。つまり、人間の「存在仕方」のこと。

3 「存在」とは何か

存在の驚くべき「真理」

さて、多少哲学的素養のある人なら、ここまできて、「うーん、何だか難しいけれど面白そうだぞ」と思うのではないだろうか。「存在」の問題は、古来哲学では第一位の問題で、しかもこれまでは誰もが間違った問い方しかしてこず、ここで自分こそが正しい探究をして見せよう、とハイデガーは言うわけなのだから。しかも、その問い方の方法も定まったのだから、あとはハイデガーの後を歩いていけば、存在の驚くべき「真理」にまで導いてくれるかも知れないのだ。ハイデガーの難解な文章を多少とも追って進めるほどの人は、やはりそうとうのめり込むことになると思う。

しかし、先にも触れたが、ではこの「存在問題の開陳」の章で、ハイデガーが存在問題について十分にそのモチーフを述べているかというと、じつはそうではない。彼は、この問題を掘っていく手順や原則や方法については、見たようにこと細かく述べているが、肝心の「一体存在問題とは何か」については、ほとんど何も言っていない。だから、ここまで読んだ限りでは、「存在問題」を問うことがわたしたちにとってどういう意味をもつのか、はっきり理解できたと感じる人はほとんどいないに違いない。

そこで、ハイデガーの分析を追って行く前に、少し立ち止まって、一体この「存在問題」とは何なのかについて、ある程度輪郭を描いておくことにしよう。

はっきりしない「存在概念」

序論の中で、ハイデガーが「存在」を定義している箇所がある。

仕上げられるべきこの問いにおいて問われているものは存在である、つまり、存在者を存在者として規定する当のもの、たとえ存在者がどのように論究されようとも、存在者がそれを基盤としてそのつどすでに了解されている当のものである。［第２節］（「問われているもの」以外の傍点は引用者）

つまり、「存在」とは、まず、「存在者を存在者として規定する」ものと言われる。またそれは、たとえば、机がある、とか、人間がいる、とか、未来がある、とか、さまざまな存在者が言及されるそのつど、この「ある（いる）」において「了解されている当のもの」と言われる。

じつはこのようなハイデガーの言い方を厳密に〝翻訳〟するのは難しい。このような言い方からいろんな文脈が取り出せるのだが、ハイデガーはそれをはっきりとは限定していないからだ。

そこで代わりにわたしがやってみる。右のような言い方からとりだせる「存在」概念の限定の可能性は、おそらくつぎのようになる。

①「存在」とは、存在者（事物存在）がそれにあずかって、存在者たりえているもの。↓たとえば、「神にあずかって」（キリスト教神学）、「イデアにあずかって」（プラトン）、「神からの流出」（スピノザ）、もっと分かりやすく言うと「お前は誰のおかげで生きてるんだ！」と言うときの「おかげで」がこれに近い。

②「存在」とは、存在者が存在者であることを可能にしているもの。あるいは根拠づけているもの。↓可能にしているもの、あるいは根拠づけているものとは、つまり、「因果関係」における先行性のこと。たとえば、時計の運動を可能にしているものはゼンマイの力（その動因、原因的力）。また、芸術の存在を根拠づけているものは、人間一般が持つ「美しいもの」をめがけようとする心（前提となる条件、地平、場）。

③「存在」とは、つまり、さまざまな「ある」という言葉で了解されているもののこと。↓「ある」という言葉の「意味本質」。

さて、わたしの考えでは、①、②、③ははっきりと区別されなくてはならない。①はいわば〝形而上学的〟な観点であり、②は論理的観点、③は意味論的な観点である。しかし、ハイデガーはどういう理由でか、これをかなり意識的に混同しているように思える。あえて言えば、『存在と時間』では②、③の観点が強いが、「転回」後ではむしろ①の観点が前面に出てくる。

しかし、この点に関しては後回しにすることにして、序論全体でハイデガーが繰り返し強調する「存在的な問い」と「存在論的な問い」との違い（これを彼は「存在論的差異」と呼ぶ）、つまり存在論的な問いの優位ということについて考えてみよう。

この問題については、すでにフッサールがこう言っている。

ところが他方、心的なもの、つまり「現象」は去来する。それは、（略）自然科学的な意味で客観的に規定されうるような存在、たとえば客観的に構成要素に分解され、本来の意味で「分析しうる」ような存在をもたないのである。

心的存在が何で「ある」かということは、物的なものについていわれるのと同じ意味において経験することはできない。（略）心的なものは「体験」である。反省において観取された体験である。それは、それ自身によってそれ自身として現われる。（『厳密な学としての哲学』小池稔訳、細谷恒夫責任編集『ブレンターノ　フッサール』（「世界の名著」62）、中央公論社（中公バックス）、一九八〇年、一三五頁）

フッサールが言うのはこういうことだ。事物（物的なもの）の「存在《ありかた》」と、心的なもの（意識、心）の「存在《ありかた》」はとうてい同じ仕方では記述できない。事物の「存在」は、性質、形式、因果性、法則といった形で答えられるほかない。だが「心的なもの」の「存在」はそういうかたちでは答えられない。

ここには、ハイデガーの言う「存在論的差異」、つまり「存在的」と「存在論的」との違いいのより明快な例がある。これはわたしなりにはこう整理される。「事物の存在」は、ふつう客観的な存在と見なされており、だから「それは何であるか」と問われうる。しかし「心的な存在」は「事物の存在」と決定的な違いがある。つまり、「心的な存在」とはむしろ、たえず「それは何であるか」と問う存在である、ということだ。

言い換えれば、事物の存在はそれ自身つねに「対象化される存在」であるのに対して、心的存在はつねに「対象化する存在」である。このつねに「対象化する存在」という点が心的存在の「本質」と考えられなくてはならない。

この、フッサール流の「存在論的差異」は誰にも理解できるだろう。事物が「何であるか（＝存在）」は、それが人間からどのように対象化されているかについての記述の体系として答えられる。しかし、心的な存在の「何であるか」は、それ自身が、まわりの世界や諸事物をどのように対象化するかということの記述の系としてしか捉えられないのである。

ニーチェの「認識」

フッサールのこの観点は、主観と客観を固定的な二項とする近代哲学の伝統的な認識問題に決定的な視線の変更をもたらすものだったが、じつはこれには先行者がいる。それはニーチェである。たとえばつぎのような言葉を見よう。

それゆえ認識するとは、いかなる場合でも、条件を確定し、表示し、意識化することである（本質を、事物を、「それ自体でのもの」を根拠づけることではない）。（『権力への意志』原佑訳、河出書房新社〈「世界の大思想」Ⅱ－9〉、一九七二年、二四五頁）

「認識する」とは、じつは、事物の存在の「客観」を正しく捉えることでは、全然ない。事物の「客観」とわれわれが呼んでいるものは、それらが〝われわれの（人間の）生存にとって〟どんな「条件」を持ったものか（大きい、小さい、重い、長い、食べられる、削られる、何らかのことに利用できる、等々）を体系的に記述する、ということなのである……。そうニーチェは言っている。

これをもっと言い換えることができる。事物の「客観《なんであるか》」と呼ばれているものは、その事物の持つ、人間にとっての一般的な（＝一般化された）利用可能性の体系的な表示のことである、と。

こんな例がわかりやすい。たとえば、ここにある小さな石ころは「何であるか」と問うてみる。そのとき単に、少し柔らかくて白っぽい石ころ、と答えただけでは、その「客観」を認識したことにはならない。たとえばそれは、「石灰岩」であり、「その組成は主に方解石からなり、水に溶けやすく、石灰やセメントの原料になる」等々とその一般性において表示されてはじめて、その「客観」（＝何であるか）が正しく答えられたことになるわけだ。

そのようなものとして対象化されていないときの「この石ころ」と、そのように対象化された後の「この石ころ」とは、同じもののようだが、じつは全然違っている。「この石ころ」の「存在」は、それがどう了解され、対象化されているかによってまったく異なった「存在」になるのである。

ニーチェは、近代哲学が事物の「認識」ということに対して、総じてそういう素朴な「存在」論しか持っていないことをいち早く見抜いていた。そして彼は、「力への意志」という根本的概念を近代哲学の認識論に対置したのである。それはつまり、事物の「存在」（何であるか）を規定するのは生命体の核としての「力への意志」である、という考え方にほかならない。

さて、いま見たようなニーチェやフッサールの観点は、少しニュアンスは違うが、いずれも近代哲学の素朴な「存在」概念に対して、一つの根本的な視線変更をもたらすものだった。そしてそれは、ていねいにその思想を追えば、あいまいなところのない明瞭な概念である。つまりニーチェは、事物の「存在」を規定するのはじつは人間の「存在仕方」（力への意志として存在する）である、と言っている。フッサールはちょっと違う。彼の力点は、事物が「これこれのものとして存在している」という人間の確信を規定するものを[4]、論理的に追いつめる点にある。

いずれにせよ、この二人の場合では、その「存在論的差異」は大変明瞭である。事物の「存在」を問うなら客観存在なるものを「自明の前提」としてはならない。まず人間の「存在仕方」の独自性から出発してはじめて、事物の「存在《ある》の意味」が判明なものになる。それが両者の主張である。

たとえば、よく知られているようにメルロー＝ポンティは、対象を「対象たらしめる当のもの」としての「身体」という新しい身体論を切り開いたが、これはメルロー＝ポンティ流のフッサールの受け継ぎと言ってよい。メルロー＝ポンティの発想の基本は「身体」を対象的存在として（＝つまり、存在的に）考えてはならず、つねに対象化する「当のもの」（＝根拠）として、言い換えると「実存の中心」として（＝つまり、存在論的に）考えよ、という点にある。

ともあれ、彼らの着眼から考えるかぎり、「存在」を自明のものと考えるな、「存在的」ではなく「存在論的」に考えよ、「存在者が何か」ではなく、そもそも「存在」（存在者を存在者たらしめているもの）とは何かと問え、という主張はまったく曖昧さのない問題設定だと言えるだろう。しかし、ハイデガーでは、そこが一筋縄でいかないのである。

最大の独創と根本的な矛盾

わたしは、あとで、いま見たようなニーチェ的、フッサール的、メルロー＝ポンティ的「存在問題」の観点を、「欲望相関図式」という言葉で定式化しようと思う。というのは、「欲望相関的観点」によって存在問題を編み換えること、これがまさしく『存在と時間』全体を支える核心的観点にほかならないからである。

「欲望相関性」とは、事物の存在は、根本的には、生き物の〈身体〉、〈欲望〉、〈関心〉、〈配慮〉などのあり方と相関的に、そのつどそのつどその「存在性」が規定される、という見方である。『存在と時間』は難解で知られる著作だが、これを「欲望相関図式によって捉えなおされた存在問題」という視点で読めば、その思想の中枢と全体像が明瞭に浮かび上がることになるだろう。じつはこのハイデガー論の中心のモチーフもそこにある。しかもそれだけではない。ハイデガー哲学の大きな問題点のひとつに「転回」問題があるが、これもまた、ハイデガーにおける欲望相関的観点の変更という形で捉えなければ、その全体像をつかむことは大変むずかしい。

わたしは、ハイデガーではこの欲望相関図式による存在問題の編みなおしが、「一筋縄でいかない」性格を持っていると述べたが、まさしくそこにハイデガー哲学の最大の問題点がある。その事情をあらかじめひとことで言っておくとこうなる。

ハイデガーは「存在」問題の探究を、まずニーチェ的、フッサール的な観点、欲望相関的＝現象学的観点において敢行する。しかし、そこにハイデガー独自の観点がつけ加えられる。いまこれを「頽落論的観点」と呼んでおく。これは、ある意味では『存在と時間』の最大の独創とも言えるが、それは、欲望相関的観点と根本的なところで矛盾するような性格をもっている。そして、後期ハイデガー思想は、ハイデガー思想の内部での、この二つの根本的観点の相剋という形を取るのである。

注

（1）「存在」→「存在」という言葉はさまざまなニュアンスで使われているが、「ある」、「あること」、

「ありかた」、「ありよう」、「なんであるか」等をルビに振って読んでみるといい。

（2）「存在了解」↓　存在了解は、自分の「ありかた」、「なんであるか」についての理解（了解）。

（3）「実存」↓　伝統的には、「実存」は、「本質存在」（エセンティア）に対立する「現実存在」（エクシステンツィア）を略したものを指し、事物の具体的な存在性を意味した。しかし、ここでハイデガーはこの言葉を、人間独自の「存在仕方」を意味するものとして使っている。人間存在のあり方のこと。

（4）「確信を規定するもの」↓　普通に言えば「確信成立の条件」ということになるが、ここでのニュアンスは、人が諸事物を「そのようなもの」と見なすことの根拠、とでも言えばいいと思う。

第二章　『存在と時間』1――人間存在の本質の探究

1　「人間存在の探究」についての全体の構図

全体の構図

さて、いよいよここから本論に入るが、まずはじめに、ハイデガーの「現存在分析」の全体の構図を、あらかじめわかりやすい形で素描しておこうと思う。以下に、ハイデガーの論述の大きな進みゆきを示してみる。『存在と時間』の目次を参照しながら見てほしい。

(1)人間は「世界内存在」である（↓第一篇、第二章）

ここまでの前提は、「存在」の本質を捉えるためには、まず人間の「存在（仕方）」を捉える必要があるということだった。人間の「存在」とはどういうものなのか。ハイデガーは、人間は「世界内存在」である、と言う。

「世界内存在」とは何か。「世界の内に事物と共に人間が存在する」↓これは全然間違い。

そうではなく、「人間が生きているかぎり、ひとつの〝生の世界〟が存在する」ということだ。↓そういう自分固有の生の世界の内を生きている、実存としての人間。これが「世界内存在」としての人間。

(2)「世界の世界性」(↓第一篇、第三章)

この「世界性」とは、したがって、客観主義的、実在的な観点からではなく、個々の生の世界から見られた、つまり、実存相関的（＝欲望相関的）観点から読みなおされた「世界のあり方」のこと。

ハイデガーは、①「環境世界」（＝身の回りに存在する諸事物の世界）、②空間、という順番でこの〝読みなおし〟を行う。

(3)人間は「共存在」である(↓第一篇、第四章)

諸事物、空間を実存相関的に読みなおしたあとは、人間それ自体を対象にする。

ここは大事なポイント。人間は「共存在」である。これは、人間は孤立した「主観」や「意識」ではなく、本質的に他者と共にある存在である、ということの基礎づけ。

ただし、ふつうの状態ではそのことの明確な自覚がなく、「頽落」している。

(4)内存在、つまり「現」の形式的分析(↓第一篇、第五章)

人間は「現存在」と呼ばれたが、この人間の「現」（いま、ここ、ここにいる）という本質の分析。ここは、「死の現存在分析」と並んで『存在と時間』の白眉だ。

人間存在の「存在性」をどのような言葉で捉えられるか、がテーマだが、現象学的な本質観取（本質直観）の方法が最高度に冴えわたっている。

(5)「気遣い」と根本情状性としての「不安」（↓第一篇、第六章）

「内存在」の分析は、人間存在の「存在性」の分析の基礎編である。そこで得られた成果を土台に、ハイデガーは、さらに、ふつうの人間の（平均的日常にある）「存在仕方」を具体的に分析する。

実質的には、「不安」の気分の本質を分析。「不安」は人間にとって「根本的気分」である。その底には「死」の問題が横たわっている。「死すべきものとしての人間」という観点が浮かび上がる。

ここまでが、『存在と時間』第一篇（「現存在の予備的な基礎的分析」）の中身だ。第二篇以後のまとめはつぎの章に回すが、枠組みだけ示しておく。

(6)「死の現存在分析」（↓第二篇以降）

①本来的に存在しうる可能性
②良心の呼び声と「先駆的決意性」

③時間性から見られた「人間存在」
④全体存在しうる可能性

2 人間はどういう存在者か

「現」にこめられた人間存在の特質

さて、『存在と時間』の本論、第一篇第一章は、第9節「現存在の分析論の主題」からはじまる。ここから、「人間」という存在が分析のテーマとなるが、人間（＝現存在）とは一体どういう存在なのかについて、まず前提的な確認がなされる。

先に、『厳密な学としての哲学』におけるフッサールの文章を見たが、彼はそこで「事物の存在」と「心的な存在」の本質の違いを力説していた。その違いをうまく取り出せればいいわけだ。

人間存在、つまり「現存在」はそれ以外の存在（事物存在）とどう違うか。ハイデガーは「現存在」の「現」に、人間存在の特質をこめているが、「現（Da）」とは、さしあたり「いま、ここに、現に」を意味する。要点は、人間の存在とモノや動物の存在との違いをどう言えるかということだが、そのポイントは二つある。わたしなりにまとめてみよう。

①「人間は可能性をめがける存在である」――事物存在を「単に存在しているだけの存在」と言うとすれば、これに対して人間存在は、「つねに何らかの可能性をめがけつつ存在

するような存在」と言うことができるだろう。

これを、前に見たように「対象化する存在」と言ってもほぼ同じことだ。人間や動物、つまり意識をもつ生き物は、回りの世界をつねに対象化しつつ生きている。その理由は、つねに何らかのレベルで回りの世界に欲望、関心、配慮などを払いながら生きているからだ。回りの世界は生き物のそのつどの欲望や関心と相関的に対象化される。そのことによってそのつどさまざまな可能性（目標）が生み出されるのだ。これはニーチェでは「力」とか「遠近法」という言葉で言われている。

②「人間は自己を了解する存在である」――回りに欲望や関心を向けることでつねに世界を対象化する、という点では動物も同じだ。人間独自の特質は、これに加えて、いわば自分自身の存在（あり方）をも対象化する存在である、という点にある。人間は、自分自身のあり方に対してさまざまなレベルで欲望、関心、配慮を向け、そのようなものとして自分を了解している存在である。

これは別の言い方ができるだろう。自己意識を持っている。自我を持っている。たえず自分の「存在」を〝問題〟にしている……等々。

高等動物にもある程度は自己了解があるのだから、これでは足りない、と思う人もいるだろう。そこはハイデガーは後できちんとフォローしているので、さしあたってはこれでいいことにしよう。

こうして、ハイデガーは人間のこのような存在仕方の独自性を「実存」と呼ぶ。だから

「現存在の本質はその実存のうちにひそんでいる」と言われる。また、実存の定義は「了解しつつ、存在しうること」という簡明なものになる。

「非本来性」

以後分析の対象となる「人間存在」についての準備的考察は、これで終わり。ただし、とくに注意しておくべきことは、「本来性－非本来性」と「平均的日常」の概念。ハイデガーはこう言う［第9節］。

現存在は自分の「存在」をつねに問題にするような存在だ。だから現存在は、自分の固有の可能性をめがけている存在だと言える。つまり、現存在は「そのつど」おのれ自身を「選択したり」、「喪失したり」、「獲得」するのに「失敗したり」する存在である。さて、現存在がおのれを「喪失したり」、その「獲得」に失敗したりするということは、言い換えれば現存在がその「本来性」から遠くなったり、近づいたりしているということだ。人間が自分の固有の「存在」のあり方をめがけ、それに近づいたり、遠ざかったりすること、これを、人間存在の「本来性」と「非本来性」という概念で言い表せる、と。

さらに言う。現存在の「非本来性」とは、必ずしも低級な存在仕方というわけではない。普通はどんな人間もみな「非本来性」として存在している。当然のことだが、普通の状態の人間は自分の「存在」についての了解がそれほど深くない。そもそも人間の「存在」を深く分析するという哲学的課題のうちには、「存在」についての了解をより深めるということが含まれているのだ。「非本来性」とはそういう意味で理解しておけばいい。そこで、われわれはこの普通の人間の状態から出発する。これを現存在の「平均的日常性」と呼ぼう——。

結論としてはこうなる。現存在の分析の出発点と方向性がこれで定まった。まず第一に「平均的日常性」としての人間の分析からはじめないといけない。つまり、たとえばデカルト的な自己（＝コギト）とか、カントのような「先験的（超越論的）主観」とか、ヘーゲルのような「意識の運動」から始めてはいけない。

第二にそれは、「平均的日常性」としての人間存在が「非本来的」に存在している場面から出発して、この「非本来性」の意味を暴露し（明らかにし）つつ、それが「本来的」に存在しうる可能性の道すじに向かって分析していくべきである。

ひとこと言っておくと、この「本来性」と「非本来性」の概念が大きな問題だ。これは「頽落」という概念と深く繋がっているからだ。だが、さしあたってはハイデガーの論述に沿って進んでいくことにしよう。

3　「世界内存在」

実存論的観点とは何か？

実存する人間存在は、「自分が何であるか」の了解（存在了解）において、「本来性」と「非本来性」という両極の可能性をもつ。これは人間の存在了解（自己了解と言ってもいい）の基本構造だが、この構造をさらに詳しく解明するには、人間は「世界内存在」であるという視点が必要である。そうハイデガーは言う。

人間は「世界内存在」である。このテーゼは、むかし学生の間でひどく流行った。ただしそれは、個々人といえども世界全体の出来事とふかく関係しているのだから、誰も社会や歴史のあり方に対して傍観者であることはできないはずだ、というメッセージとして力を持っていた。この「世界内存在」は分かりやすいが、サルトルなどの実存主義による〝変形〟を受けていて、ハイデガーのもとの概念とはかなり違っている。

では、人間は「世界内存在」であるとはどういうことか。

人間は「世界の内に存在する」とか「世界全体と深く関係している」という意味で受け取るなら、それは典型的な誤解。「世界内存在」は、実存論的観点から見られたときの「人間」と「世界」の関係本質を示す言葉なのである。

人間は、他人や他の事物と一緒に、「世界の内に存在する」。これはむしろ客観主義的な世界の見方。実存論的な世界の見方は、「世界とは個々の人間によって現に生きられているその世界である」という感じになる。これは以後くわしく見るので、もっとはっきりするはずだ。

三つの根本契機

ハイデガーは、「世界内存在」という概念からその根本契機[1]を三つ取り出してみせる。

①「世界の内で」という契機——実存論的観点から見て「世界」とはいったいどういうことか。「世界の世界性」について。

②「世界内存在」というとき、そのつど世界内存在しているその存在者とは誰か？——人間‐「世人」について。

③「内存在」という契機——これがいちばん難しい。実存論的な観点から見た、人間が世界に存在するその存在仕方の本質。

この三つのことがはっきりすれば、人間存在の「存在《ある》」とその他の事物存在の「存在《ある》」の本質の違いがはじめて判明になる。またそれが判明になって、はじめて、人間における「本来性」、「非本来性」という構造の意味もより明確になる。そうハイデガーは主張する。では、一つずつ吟味していこう。

4　世界の世界性

四つの項目

ここはかなり長く、分析も精妙を究めていて『存在と時間』の一つの大きな柱をなしている。つぎのようにいくつかの項目に分けて見ていくことにする。

(1)環境世界その1：道具存在
(2)環境世界その2：実存論的世界・現象学・欲望相関性
(3)環境世界その3：指示・適所性・有意義性
(4)空間性

(1)環境世界その1：道具存在

配慮的気遣い

まず「世界の世界性」とはどういうことか。繰り返し見たように、ここでの「世界」は、いわゆる「自然世界」、客観的な世界を意味しない。あくまで個々の人間によって具体的に「生きられている世界」と考える。人間が一人いればそこに一つの生の世界が生きられている。「世界の世界性」とはそういう「実存的な意義をもっている」。客観存在としての「世界」ではなくて、実際に個々人に生きられているものとしての世界は、[2] いったいどのような本質を持つのか。そういう問いをたてたうえで、ハイデガーはこれを、①環境世界、②空間性に分ける。「環境世界」とは、人間の「身の回りの諸事物の世界」ということだ。

重要なところだから、少し長くなるがハイデガーの文章の調子を知るために、引用してみる。

最も身近に出会われる存在者の存在を現象学的に提示することは、日常的世界内存在を手引きとして遂行されるが、この日常的世界内存在をわれわれは、世界の内での、かつまた世界内部的な存在者との交渉とも名づける。この交渉は配慮的な気遣いの多様な仕方のなかへとすでにおのれを分散してしまっている。だが、交渉の最も身近な様式は、さきに示されたように、わずかに認知しかしない認識作用ではなく、従事し使用しつつある配慮的な気遣いなのであって、こうした配慮的な気遣いはおのれの固有な「認識」をもっている。現象学的な問いは、差しあたって、そうした配慮的な気遣いのうちで出会われる存在者の存在に向けられるのである。［第15節］

ふつう「最も身近に出会われる存在者」とは、たとえば、部屋、机、本、ペン、コップなどの生活上の調度、諸道具である。また回りの自然、土、草花、樹木、水、道、野原、等々もこのいわば「身の回りの世界」だ。これらの「存在《ありかた》」を現象学的に（あるいは実存論的に）提示することが必要なのだが、どうすればいいのか。ハイデガーが示すキーワードは「配慮的な気遣い（Besorgen）」である。「配慮的な気遣い」から見られたこれら「身の回りの世界」は、では、どのように呼びとめられるか。

彼はそれを「道具（Zeug）」とか「道具存在（Zuhandensein）」と呼ぶ（「道具存在」に

は「用在」という訳もあるが、こちらのほうが感じが出ている。『実存からの冒険』（ちくま学芸文庫、一九九五年）の著者西研は、「手元存在」もありうると言っている）。

われわれは、配慮的な気遣いのうちで出会われる存在者を道具と名づける。交渉において眼前に見いだされるのは、文房具、裁縫具、仕事や乗用や測量のための道具なのである。だから、道具の存在様式が明らかにされなければならないわけである。（略）道具は、本質上、「何々するための手段である或るもの」なのである。有用であり、寄与し、利用されることができ、手ごろであるといったような、この「手段性」のさまざまな在り方が、道具全体性というものを構成するのである。［第15節］

ここはなかなか誤解の多いところで、これを読むと、あたかも、日常生活の中で人間にとってさまざまな事物は、何らかの意味での「道具」として「存在」しているのだ、という主張のように見える。しかし、そういうことではない。この「道具存在」の意味をよく理解するには、「配慮的な気遣い」とはどういう概念かがうまく了解される必要がある。そのために、科学的な（客観主義的な）認識の態度と、「配慮的な気遣い」からの「認識」の態度を対照させて考えてみよう。

「道具存在」

いわゆる科学的な認識の本質は何だろうか。それは、たとえばさきほど挙げた石灰岩のように、その対象の「何であるか」を、人間にとっての一般的な利用可能性の体系（因果的・法則的）として記述することである。これに対して「配慮的な気遣い」からの「認識」とは、実存の「そのつどの必要性」に応じて、その対象の「何であるか」を捉えることを意味する。

たとえばハイデガーはこんなふうに言う。ハンマーで打つことは、ハンマーについての深い知識をもっていることではなく、むしろハンマーの「手ごろさ」が暴露されて自らおのれをあらわすことである。ハンマーだけでなく、やっとこ、釘、鉋《かんな》といった道具は、もともと自然から作られたものだが、この道具の「使用」をつうじて、いわば自然がおのれを「暴露」するのだ。つまり、「自然は、配慮的な気遣いをつうじて、特定の方向のうちで暴露されている」〔同前〕と。

ハンマーとは何か。客観主義的、科学的な視点では、それは、鉄と木によって組み立てられた釘を打つための道具で、重さがこれこれ、長さがこれこれ、等々の事物として、その事物性を一般性として記述される。ところが、「配慮的な気遣い」から見られたハンマーとは、そのつど、手ごろだとか、重すぎるとか、役に立たないといったようなそういう「存在性」を露わにするものなのである。

もっと別の例をあげよう。この部屋にあるこのテレビは、客観的な「存在」としては、「放送された電波を受信してひとびとの視聴に供するための機械」ということになる。さらにそれは、その機種、機能、値段、等々が一般的に記述されうる。だが、「配慮的な気遣い」から見られたテレビは、あるときは、映りが悪くて見にくいテレビであったり、部屋の割に大きすぎてうっとうしい調度だったりする。それだけではない。

今真夜中で、〈私〉が寝ていると怪しい物音がして、どう考えても賊が忍び込んでいる気配がする。このとき〈私〉はとっさに回りを見まわして、何か武器になるようなものを探す。部屋に目ぼしいものが何もなければ、〈私〉はこのテレビを、適当な重さをもち、投げつけることで相手にダメージを与えうるためのもの（＝道具）として〝認知〟するかも知れない。テレビはここで、身を守るための武器、という「存在意味」を露わにする。このようなとき、この「武器」としてのテレビは、まさしく〈私〉の「配慮的な気遣い」から、言い換えれば、〈私〉の実存的な「いまここ」の地点から見られた「道具存在」だと言えるのである。

要するに、身の回りの事物の「存在」が「道具存在」であると言うとき、それは、それぞれの事物の一般的、客観的な「何であるか」（→ハンマーである、テレビである、机である、等々）ではなく、そのつどの実存の場面から捉えられたそのものの「存在意味」を指しているのである。

読者は、こうして「道具存在」が、つまり個々人のそのつどの「身体・欲望・関心・配慮」の〝遠近法〟から見られた「身の回りの諸対象」を意味することを理解するだろう。つまりハイデガーはここで、「諸事物」の「何であるか」（＝「存在」）を、客観的、実証的に見る観点ではなく、欲望相関的な観点から〝読みなおしている〟のである。

木田元は『ハイデガーの思想』で、この「配慮的な気遣い」の観点とヤーコプ・フォン・ユクスキュルの「環境世界」（あるいはマックス・シェーラーの「環境繋縛性」）の概念との近親性と影響関係を指摘している。時代的にもその影響関係はあるに違いない。ただ、ユクスキュルの「環境世界」は、動物の身体構造と自然世界との存在相関性を説いたもので、人間の場合、身体性も欲望も配慮もいわばそのつど性を持っていて固定的ではない。そういう意味で、ハイデガーの「気遣い」はニーチェ的な欲望相関性の観点として理解するのがいっそう適切だとわたしは思う。

⑵環境世界その2：実存論的世界・現象学・欲望相関性

人間の認識能力

さて、しかし、このようなハイデガーの視線、つまり欲望相関的な観点を何の抵抗もなくすっきり理解できるという人は、そう多くないと思う。その理由は、この視線はわたしたちが自然に身につけている近代的、合理的世界像の視線とは、かなり異質なものだからである。

そこでわたしは、さきほど述べたように、この「欲望相関図式」について、少し立ち止まって解説することにしよう。

近代哲学における最大の中心問題は「認識問題」、つまりいわゆる「主観－客観」問題である。人間の認識能力は、果たして「客観」現実を正しく捉えうる原理をもっているのか、というのがその問題点だった。デカルトは人間の認識能力はこの原理を検証できないが、人間の認識能力を作った神は人間を欺いているはずがないから、人間は自分の認識能力を信用していいのだ、と主張した。

これに対して、カントは、人間の理性の能力は「客観世界」（＝「物自体」）を認識する原理を持たないとはっきり結論した。神の存在も同様であるから、神を援用することはできないのだ。しかしヘーゲルは、この問題に苦しみながらもいろいろ条件をつければ不可能ではないと主張した（スピノザやライプニッツも条件つき可能派だと言える）。

この問題のコード（それまでの前提）を大きく転回したのはニーチェである。ニーチェはそもそも「客観存在」なんてものは存在しない、と言う。「現実それ自体というものはない、ただ解釈だけがある」。ではなにが解釈を可能にしているか、「力への意志」にほかならない。これがニーチェの中心テーゼだが、このニーチェ説を図式化すると、次の図のようになる。

カントの考えはこうだ。たとえば一つのリンゴをさまざまな生き物が経験すると考える。すると、このリンゴの「存在《なんであるか》」は、それぞれの〝身体性〟（「感性や悟性の形式」＝認識能力・感受能力・欲望の形式）に応じて違ったものになるはずだ。

人間にとっては、それは「みずみずしい果物」である。猫にとってはリンゴは食べ物ではないから、ただ丸くてじゃれると転がるような「存在《なにか》」でしかない。トンボには、丸い形だけは認知できるかもしれないが、そもそも「何ものでもない」ような存在かもしれない。ア

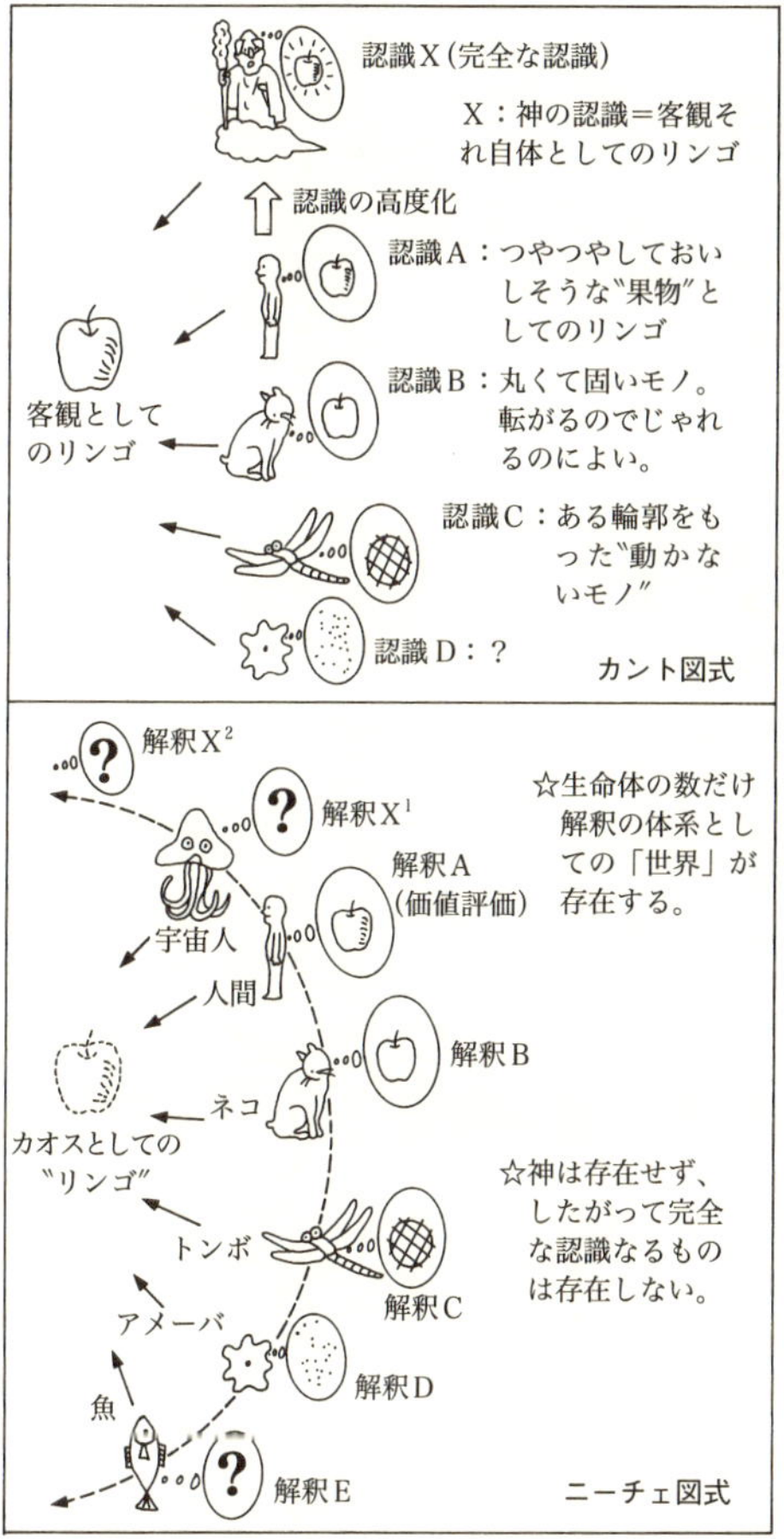

カント図式（上）とニーチェ図式（下）

メーバにとってそれは、〝丸いもの〟ですらなく、もっと他の「存在《なにものか》」だろう。

カントはこの図式から、アメーバ→トンボ→猫→人間と、高等な生き物になるにしたがって認識もまた次第に高度になると考えた。つまりどんな認識も制限されたものだが、高度になるにしたがって、その制限が小さくなっていくと考えた。すると二つのことが出てくる。

一つは、人間はその「感性・悟性・理性」の形式が認識能力の限界になっており、世界の「客観」それ自体は原理的に認識不可能であること。もう一つは世界の「客観」を正しく認識できるものがあるとすれば、それは「神の認識」(これは制限されていない)だけだということである。

ニーチェとフッサールの「現象学」

これに対して、ここから「神の存在」という項目を取り払えば、そのままニーチェの考え方になる。違いは一点だが、その帰結するところは極めて重大である。

ニーチェは当然、神を認めない。すると、つまり、存在するさまざまな生き物の数だけ多様な経験される「世界」が存在する、ということになる(これは要するにさまざまな「生きられている世界」が存在するだけだ、ということでもある)(ニーチェ図式)。では「客観世界」はどうなるか。ニーチェに言わせればそれは、どんな生き物によっても原理的に「経験されない世界」なのだから、ただ理念的に想定できるだけの「世界」、実在性をもたない「世界」だとしか言えない。だから「客観世界」なるものは実在しない。したがってまた

「客観とは何か」ということ、客観の「存在《ありかた》」について問うことは無意味である。あえて言えば、人はただそれを、「カオス」という形で理解するしかない――。

カントでは、人間はその認識能力が「完全なもの」でないために、「客観世界」を認識できない。これに対してニーチェによれば、「認識能力の限界」とか「完全な認識能力」などという概念がそもそも「背理」である。むしろさまざまな生き物のさまざまな「認識仕方」があるだけだ。「客観世界」というものは存在しない。もともと認識の対象とはならない「カオス」としての世界がある。そしてさまざまな生き物が、その「力への意志」（身体・欲望・関心・配慮と考えればいい）に応じて（相関して）、そこから「世界」の「存在《ありかた》」を受け取っているだけである……。

ではフッサールの現象学では、この欲望相関的観点（ていねいに言えば「身体・欲望・関心相関的観点」ということになる）はどのように位置づけられるだろうか。

現象学の方法の核心は、「確信成立の条件を取り出す」という点にある。しかし、このことは現在でもかなり大きな誤解にさらされている。これにはさまざまな要因があるが、誤解の要点は、現象学は「真理の基礎づけ」の学だ、という見方にある。だが、現象学の本質を「真理成立の根拠づけ（基礎づけ）」と見るか、「確信成立の根拠づけ（条件を取り出すこと）」と見るかでは、根本的な違いがある。どう違うかというと、ちょうどカント図式とニーチェ図式の違いになるのである。

多くの論者は、「妥当」の概念を、認識と対象の「一致」という意味で受け取っているが、これはいま述べたような誤解に基づいている。だが、これ以上の細かな点については、拙著『現象学入門』(ＮＨＫブックス、一九八九年)や『はじめての現象学』(海鳥社、一九九三年)があるので、興味のある向きは参照されたい。

さて、現象学は「確信成立の条件」を確かめる。たとえばこれを、ニーチェのつぎのような言い方と較べてみるといい。

真理は何でもって証明されるのか? 高揚された権力の感情でもって、――有用性でもって、――不可欠性でもって、――要するに利益(略)でもってである。(『権力への意志』原佑訳、河出書房新社〔「世界の大思想」Ⅱ－9〕、一九七二年、二〇四頁)

世界を解釈するもの、それは私たちの欲求である、私たちの衝動とこのものの賛否である。いずれの衝動も一種の支配欲であり、いずれもがその遠近法をもっており、このおのれの遠近法を規範としてその他すべての衝動に強制したがっているのである。(同書、二一六頁)

ここでニーチェは、「人間をしてあるものを〝真理〟だと確信せしめるものは何か」と問うているのだ。それは「有用性」とか、「衝動」とか、「要求」とか、またあるときは「肉体」とか、「力への意志」とか言われる。それが世界をある秩序として切り取る。逆に言えば「世界」は「力」に相関して、自分の「存在性」を露わにする。これをわたしは欲望論的に、「存在」の欲望相関性として定式化した（拙著『意味とエロス』ちくま学芸文庫、一九九三年を参照）のだが、ニーチェではそれは「遠近法」と呼ばれる。

フッサールもまた、「客観」認識をもとめる実在論は「背理」であると明言する（『イデーン』あとがき）。そして彼は、したがって「真理」の認識ということは背理だが、「ある判断や認識を〈真〉と確信させる〝意識表象の条件〟」は取り出せる、と考えたのである。フッサールではこの確信の条件は、たとえば「実在物」の場合は、反復可能性とか内在知覚といったかたちで取り出される。この思考はつまり、あるものの「存在《ありかた》」を根本的に根拠づけているものは何か、という問いを徹底することなのである。ニーチェとフッサールに共通するのは、事物の「存在《ありかた》」をぎりぎりのところで根拠づけているのは、その事物の客観的な「存在性」ではなく、むしろ人間の「存在性」である、という直観にほかならない。

ニーチェ－フッサール的な視線で照らす

ニーチェはこれを「力」とおき、フッサールは「意識」（の諸条件）とおいたのである。両者を比較すると、ニーチェの「力」の概念に対して、フッサールの構想は「エロス論的」、「欲望論的」な視点が抜け落ちており、認識論的な概念で押し通されていると言える。たとえばニーチェの概念体系は「力」、「欲求」、「意志」、「支配欲」、「衝動」、「価値評価」、「快楽」、「陶酔」、「肉体」、「有用性」、「遠近法」等々であるが、フッサールのそれは「意

識」、「表象」、「反省」、「知覚」、「射映」、「純粋自我」、「意味」、「志向性」、「把持」、「内在－超越」、「妥当」等々である。

要するに、このように言える。ニーチェははじめて、「客観」や「真理」という概念の中で生きていた伝統的な「存在」概念を書き換えた。それはいわば既成の認識論のコードを欲望論的なコードに変更することを意味した。フッサールはニーチェによる「存在」概念の書き換えを、認識論的に厳密化したが、ニーチェの文脈から欲望論的な要素は取り払ってしまったのである。

しかし、それでも、「存在」を客観的なものと前提する従来の「存在」概念を根本的に編み換えるという点では、両者の直観は共通している。事物が「存在」するとは一体どういうことか。それは根源的には、「存在者」が、個々の「生」にとって、つまり「いまここ」にあるこの実存の意識にとって有意味な存在として現われ出る、ということなのである。

さて、ハイデガーの実存論の思考が、ニーチェの実存論的視線とフッサールの現象学的視線をその土台にしていたことは疑うことができない。さしあたってこの「配慮的な気遣い」の概念のみならず、『存在と時間』の実存論的分析の全体は、見てきたようなニーチェ－フッサール的な視線で照らすと大変明快になることが分かるはずだ。

(3)環境世界その3：指示・適所性・有意義性

独特な術語の網の目

われわれは、配慮的な気遣いのうちで出会われる存在者を道具と名づける。交渉において眼前に見いだされるのは、文房具、裁縫具、仕事や乗用や測量のための道具なのである。だから、道具の存在様式が明らかにされなければならないわけである。［第15節］

「配慮的な気遣い」から見られた日常世界の事物の存在を、「道具」とか「道具存在」と規定したあと、ハイデガーは、まるで蜘蛛がつぎつぎと糸を繰り出して見事な巣を作っていくように、以下のような術語を繰り出していく。「指示」、「記号」、「道具連関性」、「世界適合性」、「適所性」、「有意義性」……。はじめて読む読者はこの辺りで頭がくらくらしてくるだろう。しかし、これらの概念も欲望相関図式を念頭においてみると、それほど難解ではない。

まずハイデガーが言っていることを大づかみにまとめてみる。

「指示」とは、あるものがあるものを指す、という連関である（たとえば、釘はそれを打つためのハンマーを指す）。この連関が存在しうる前提は、それら（諸事物）が、互いに、何かの目的・目標のための「手段」や「有用性」、またそのことの予告や示唆といった、その「連関自体」を示すもの（＝「記号」）として存在しうるからである。つまり日常世界のさまざまな事物は、すべてがある意味で道具存在（いつでも人間にとって何らかの点で利用可能性を持った何ものか）である。だとすると、すべての諸事物は、人間にとって潜在的に「道具連関性」をもって存在していると言えるわけだ。テレビがあるときは賊に投げつけるための武器になったり、分厚い本が棚の上のものをとるための踏み台になったりするからである。

ところで、この諸事物の「道具連関性」は、じつは普段はあまり意識されていない。たとえば、大きな釘を打とうとしてハンマーを使ったら、ハンマーが小さすぎたり、ハンマーの柄が短かすぎて釘が打てなかったりするようなときに、はじめて、諸事物の「道具性」や「道具連関性」は、おのれ（の欠損）を際立ったかたちで告げる。

だから、身の回りの事物の「道具存在」性とは、むしろ身体化された環境性、たとえば主婦にとっていつも使い慣れている台所とそこにある諸用具、といったものと考えるといいと思う。主婦がそれらを自由に使いこなしている場面では、いちいちこれは「何であるか」という問いや意識された知識なしに、事物は自然な「道具性」（＝用在性）を発揮しているのである。

要するに、諸事物の道具性や道具連関性は、「適所性」ということの中で自らのいわば存在の本来性を示す。ハンマーは釘を適切に打てる重さやバランスを持っていなくてはならないし、釘は材木をしっかりとつなぎ合わせる長さと強度が必要だし、材木はまた……という形で、諸事物の道具性は、その「存在」の本来を「適所性」と「適所全体性」（「適所連関性」でもいい）というかたちで持つ。

また、この道具存在の「適所性」、「適所連関性」は、その存在意義を、もう一段上の目的に持っている。たとえばハンマー（道具）でうまく釘を打ち、材木をつなぎ合わせて小屋や家を建てること（適所連関）は、結局そこに人間が住むことという上位の「有意義性」を前提にしている——。

(4)空間性

空間概念の編み換え

ここで出てくる主な術語は、「遠ざかりの奪取」と「方向の切り開き」。このふたつが理解できればいい。

ふつうわたしたちが「空間」を把握するときに用いる概念は、「平面」、「延長」、「立体」、「奥行き」、「地点」、「距離」等々である。ところが、これらは客観主義的な空間概念だから、実存論的な概念に編みなおさなくてはならない。この編みなおされた概念が「遠ざかりの奪取」と「方向の切り開き」である。

先に見た「気遣い」－「道具」という構造をもう一度ふりかえってみよう。わたしたちは一般的にはこう考えるだろう。まず客観的な事物の存在があって、それが個々の人間のそのつどの「配慮的な気遣い」にとって、そのつど「道具性」を現わすのだ、と。事物が客観存在であり、それが客観的な諸性質を自らのうちに持つから、それらはさまざまに利用可能なものになるのだ、と。ところがハイデガーに言わせると、むしろ逆なのである。

人間がつねにすでに「配慮的な気遣い」として「存在」していること、言い換えれば、身体・欲望・関心といった原理で存在していること、このことが事物存在を道具性、道具連関、有意義連関という「存在」として現出させるのだ。そうハイデガーは言う。

> 現存在は、おのれが存在しているかぎり、存在者を道具的存在者としてそのつどつねにすでに出会わせている。［第18節］

だからこそ、事物存在は、その有意義連関性において共同的なものとして一般化され、公共化されることができる。一般化され、公共化された事物の「有意義連関性」、これを、わたしたちは事物の「客観存在」とよんでいるのだ、と。

こうして、これまで自明な客観存在として考えられていた「身の回りの世界」を、〝そのつどつねに身体＝欲望原理として存在する人間の実存〟の観点から編み換えること、これが実存論的分析の要諦だった。ここで、「空間」においても同じ観点をとることができる。つぎのような文章をみよう。

> とりわけ示されなければならないのは、環境世界の環境性が、つまり、環境世界のうちで出会われる存在者自身の種別的な空間性が、世界の世界性によって基礎づけられているのであって、逆に、世界のほうが空間の内で事物的に存在しているのではないのは、

どうしてなのかということ、このことである。［第21節］

対象との隔たりを見はからう

まず空間が客観的に存在しているから、その中に「世界」が存在しているのだ、と考えてはいけない。むしろ、いわゆる「空間」は「世界の世界性」（実存の世界）によって可能になっているのだ。そうハイデガーは言っている。

では「遠ざかりの奪取」とは何か。変な術語だが、「人間がそれと交渉しようとする対象との間の隔たりを取り払うこと（＝適切な間を取ること、遠ざけたり近づけたりすること）」という意味だ。

今、机を隔てたむこうの棚に本が一冊あって、それを手に取りたいと思う。私は椅子から立ち上がって体を前に倒し手を伸ばしさえすれば、簡単にこれを手に取ることができる。こういう場合、私は本と自分とが遠く隔たっているとは感じない。

しかし、たとえば今、私が足を怪我していて車椅子を使っており、簡単には立ち上がることができないとする。私がその本を手にするには、立ち上がって体と手を伸ばすという一息の動作ではなく、車椅子の向きを変え、机を迂回して（横にあるごみ箱などをどける必要もあるかもしれない）、本棚の近くまでいき、かなり努力して本に手を伸ばす、という作業が必要になる。こういう場合、私と本との距離（遠隔性・隔たり）は大変大きい。私が小さな子供である場合、同じことが言えるだろう（この問題は、後にメルロ＝ポンティが「身体性」の現象学として非常に精緻な形で分析している）。

こう考えると、「距離」、「遠隔性」ということの客観性（二点間は五メートル、あるいは五キロメートルの距離がある）は、じつは人間の「身体性」（その能力）と問題になっている諸対象との実存論的相関性がその基礎になっていることが分かるだろう。

こうして、「遠ざかりの奪取」と「方向の切り開き」という二つの術語は、人間が、つねに対象を「道具的に」問題としつつ、そのことでまたつねに自分とこの対象との「隔たり」の関係を（近さ・方向において）見はからっている、という実存論的な基礎事実を表現しているのである。

5　世人

あるいは「頽落」というあり方で存在している

実存という中心から見直すと、「世界」は客観的な存在としての世界ではなくて、「気遣い」相関的、欲望相関的な「世界性」として「存在」していることが分かる。「道具」とか「有意義連関」とか「遠ざかりの奪取」という仕方で。これがここまで見てきた「世界の世界性」の要点だった。さて、つぎにハイデガーは、同じような仕方で、世界の「内」にある人間について考察する。

まずここでもいくつか難しい術語が出てくる。「共存在」、「共現存在」、「相互共存在」

等々である。これまでも、ハイデガーは客観主義的用語を実存論的用語に置き換えていた。たとえば、「事物」→「道具」、「原因結果」→「適所・有意義連関」、「距離」→「遠ざかりの奪取」等々。ここでも同じことをしているので、だいたいこんなふうに読むといい。

①「共現存在」→「他者」
②「相互共存在」→「社会（社会性、共同性）」
③「共存在」→これは少しやっかいだが、「人間はなによりもまず実存として存在する（内存在する）が、それ自身他から隔離された孤立した実存なのではなくて、社会的なものであり、共にある現存在である」という感じ。これが「共存在」。また、「内存在」については後にくわしく出てくる。

さて、ここでのハイデガーの議論の内実は、だいたい次のようだ。

伝統的に哲学は、人間について考察するとき、いわば独立し、孤立した「自己」、「自我」、「主観」、「意識」をその実体として考えてきた。しかし、これはおかしい（ここには師匠フッサールへの[3]批判も含まれている）。たとえば、デカルトは世の中で唯一疑いえない確実なものが「コギト」だから、この意識事実としての「われ存在する」こそが哲学の権利上始発点となるべきだと主張した。しかし、この始発点も怪しい。

人間は、それ自体で自立した「自我」や「主観」や「意識」なのではなくて、まず平均的、日常的な「共存在」である。人間にとって「他者」とは、単に他の事物とともに存在する他の人間というのではなくて、互いに実存論的な視線を投げ掛け合い、そのことで「私」と存在を規定しあっている存在、「共現存在」である。だから人間は存在している（この世に生きている）というだけで、すでに「相互共存在」（↓互いにその「存在了解」を規定しあっている社会的存在）である、と。

単に「人間」とか「他人」とか「社会」と言ってはいけない。実存論的にこれを「共存在」、「共現存在」、「相互共存在」と呼ぶと、人間がじつはどのように存在しているのかがもっとよく分かる。そうハイデガーは言うわけだ。

「他者」の視線は脅威である

つぎに、人間が互いにその存在了解を規定しあう、その仕方をよく考えてみる。人間は「事物」に対して「配慮的な気遣い」をもつが、「他者」に対してもやはり「気遣い」をもつ。こちらは「顧慮的な気遣い」と呼ぼう。

つぎの点が重要だ。ハイデガーによると、この「顧慮的な気遣い」は二つの対極的な可能性を持つ。第一は、「他者から『気遣い』をいわば奪取」するような気遣い。「他者の代わりに尽力する気遣い」とも言われる。

第二は、「他者から『気遣い』を奪取してやるためではなく、その他者に『気遣い』を気遣いとしてまず本来的に返してやる」ような気遣い。「他者が実存的に存在しうるという点でその他者に手本を示すような」［第26節］気遣い。

　これもすこし解説しよう。人間は世界に対して見てきたような実存的視点、「気遣い」をもつ。「事物」に対するそれと「他者」に対するそれはどう違うか。「事物」は、まずほとんどの場面で一方的に人間によって「対象化」されるものだ。言い換えると、そのつどの利用可能性の視線において、その「何であるか」を措定される。これがハイデガーの言う「道具性」である。

　これに対して、「他者」はそうはいかない。「他者」はけっして一方的に対象化されるだけの存在者ではない。それはむしろたえずこちらをも「対象化する」ような存在者である。サルトルの言葉を使うと「他者の視線は私を無化する（否定する）」。他者の視線は私を気にさせたり、恥ずかしがらせたり、怯えさせたりする。それは自我にとって大きな脅威である。「自我」という場面から考えても、「自我」を真に脅かす大きなアイテムはただ二つ、「死」と「他者」だけだと言える。こうして、「他者」は事物とともに世界の内にある存在者の一つだが、その存在仕方は、事物とはまったく違った特異な本質を持っていることが分かる。

　そこでハイデガーは、人間存在は「他者」に対して、二つの根本的な「気遣い」（視線、遠近法）のあり方をもつ、と言い、それを「他者からその気遣いを奪う」ような気遣いと、「他者にそれを本来の形で戻してやる」ような気遣い、とするのである。

「世人」の三つの契機

これまで述べたような視点から、ハイデガーは、ふつう人間は、平均的な存在了解をもち、したがって「他者」に対して「非本来的な」気遣いのあり方をとっている、とする。この「日常的」で「平均的」な存在了解（自己理解）と「気遣い」を持つふつうの人の存在仕方を、ハイデガーは「世人（das Man）」と呼ぶ。

「世人」としての人間の（「顧慮的な気遣い」の）あり方は、①懸隔性、②平均性、③均等化、の三つの契機によって性格づけられる。ここはなかなか明快で面白い。

①懸隔性――人はいつも「他者」と自分との区別を気遣っている（気にしている）。それは自分が「他者にくらべて立ちおくれているので――（略）その遅れを取りもどそうとすることでもあれば、（略）他者に対して優位を保ちながら、他者を押えつけることをねらうことでもある」［第27節］。

②平均性――「世人は、現事実的には、当然とされているもの、ひとが通用させたりさせなかったりするもの、ひとが成果を是認したり否認したりするもの、そうしたものの平均性のうちにおのれを保持している」［同前］。その社会で一般的に通用している「よし悪し」の評価、価値を無自覚に受け入れ、自分もまたそういう世間的な価値をめがけて「アイデンティティ」を保とうとしている。

③均等化――「こうした平均性は、でしゃばってくるあらゆる例外を監視する」［同前］。皆同じような人間になって、突出したものや変わったものを排除するということ。

ハイデガーはこれら懸隔性、平均性、均等化という「世人」の存在性格を、まとめて「公共性」と呼ぶ。そして、このような公共性は、「世人」をして、「その日常性におけるそのときどきの現存在の責任を免除する」。それだけではなく、「こうした存在免責でもって世人は、現存在のうちに安受けあいの傾向がひそんでいるかぎり、現存在に迎合する」〔同前〕。

ここはさほど解説の要はないだろう。人間はふつうの状態では、自分の「アイデンティティ」の保持が最大の関心事である。それはもっぱら自分が他人よりどのくらい〝優位〟にあるかではかられる。また、この優位は、世間的な価値基準によっていて、それがほんとうに「よいこと」、「優れたこと」なのかどうか、自覚的に考えているわけではない……。

ただ、ここで重要なのは、ハイデガーが、日常的な人間の自己は「世人自己」として「本来的自己」から区別されるべきである、としている点だ。

ふつうの人間の日常的な「自己」は、世間一般の価値のあり方の中に自分を「分散」させ、「気散じ」しており、そのことで、自分の本来的な存在仕方と向き合うことから、自分自身を「免責」している。

「世人自己」、つまりたいていの「私」は、差しあたり「おのれに固有な自己」という自分の存在を了解しないで、むしろ「世人のほうから」（＝世間の価値基準から）自分自身が何であるかを了解している。「世人」として存在すること、それは、人間が自分の本来的な存在仕方を自覚することを「遮断」したり、「隠蔽」したりしていることだと言える――。

「世人であること」、ふつうの人間として日常的に生活していること、それは「本来的な」

存在仕方から何らかの理由で「頽落」していることを意味する。だからまた、ひとは何らかの方法で「本来的な」存在仕方を奪い返す方途があるはずだ。ハイデガーはそう主張するのだ。

ここは『存在と時間』全体にとっても重要なところなので、もう一度要約してみよう。実存という視点から見られた人間とはどのような「存在」か。要点は二つある。①人間は単なる「主体」ではなく「他者と共なる存在」である。つまり本来的には〝社会的な存在〟である。②しかし、人間はふつうには、その本来性から離れて、「世人」というあり方で、あるいは「頽落」というあり方で存在している――。

6　内存在

三つの本質契機

「内存在」は、「世界の世界性」、「世人」とともに、「世界内存在」という概念を構成する三契機のひとつ。

「内存在」とは何か。客観的な空間という「世界」があり、その内に（中に）人間が存在している、という考え方と間違えやすいが、そうではない。「内存在」とは、人間が自分の「実存の世界の内を」生きる、その「存在仕方」の本質のことである。

では、人間の「存在《ありかた》」の本質といったものは、どう考えれば導けるだろうか。誰でも思いつくように、まず事物の「存在」とどう違うかをはっきりさせ、つぎに動物の「存在」とどう違うかをはっきりさせればいい。すでに人間存在の独自性として、①可能存在であること、②自己了解する存在であること、などが指摘されていたが、ここではこれをさらに本格的に分析することになる。

人間存在を「現存在」と呼んだが、この「現《ダー》」はふつう「ここ」とか「そこ」を意味する。しかし、現存在の「現」は場所的な「そこ」を意味するのではない。たとえば机が「そこ」にあるというとき、それは、「私」が「いま・ここに」存在するということを起点として可能になっている。実存から見られた「世界」とは、つまりそのような現存在の起点のうちに世界が可能になっているということなのだ。

こうして、「現」という表現は「こうした本質上の開示性[4]を指さしている」〔第28節〕。それはあたかも、「おのれ自身が明るみであるというふうに」、世界とおのれ自身を明るく照らし出して（存在させて）いるようなものだ……。

「内存在」の分析は、人間における「現」の「本質」を取り出すことで果たされる。この「現」の本質契機は、基本的には三つ。「情状性」、「了解」、「語り」。「了解」には、「解釈」と「陳述」というおまけがつく。だから、⑴情状性、⑵了解（解釈、陳述）、⑶語り、ということになる。

(1)情状性（Befindlichkeit）

「現」のもっとも根底的な本質規定

情状性とは何か。これは「気分」と読み換えればいい。この概念は、ハイデガーの実存思想体系のもっとも中心点に当たる概念で、きわめて重要だ。そこで少しくわしく見よう。

ハイデガーによれば、人間の「存在仕方」の特質のうちもっとも基礎をなすのがこの「情状性」である。「気分のうちでこそ現存在は現としてのおのれの存在に当面させられているのである」〔第29節〕。「気分」がなければ現存在の「現」それ自体がありえない、ということだ。

情状性は、現存在の「現」のもっとも根底的な本質規定なのである。これが出発点になるが、ハイデガーはこの「気分」（情状性）を、ほぼ三つの点から説明する。

①「気分は被投性を開示する」ということ。

ハイデガーはこんなふうに言う。だれでもときどき「くすんだ無気分」、だらっとした「アンニュイな気分」に落ち込むことがある。そういうとき、じつは人間は自分の存在に「飽き飽き」している。「存在が重荷」になっているのだ。なぜそうなるのか、人ははっきり知っているわけではないが、じつはこのアンニュイな気分は、いわばたえず「存在」しつづけなければいけないという要請が人間にかかっていること、そのことが潜在的に「重荷」になっていることを告げている、と。

「気分は被投性を開示する」とはそういうことだ。「気分」は、「被投性」、つまり『現存在は存在しており、存在しなければならないという事実」［第29節］を「開示」する（＝告げ知らせる）。

つけ加えると、「気分」は人間にそのような「被投性(5)」を必ずしも自覚的に気づかせるわけではない。あのだらっとした「倦怠」の気分に襲われるとき、たとえば人は、元気づけに遊びにいくという具合に〝気分を変え〟ようとする。だから、まずたいていは、人は自分の「くすんだ無気分」を、たとえば、雨なので、お金がないので、恋人がいないので、世の中のやつらが馬鹿なので……何だか〝もの憂い〟という風に理解することになる。しかし、じつはその底には、人間の根本的な「被投性」を告げ知らせるものがあるのだ。そうハイデガーは言う。

自分も含めた世界の「根拠」

②「気分」は、単に人間の「被投性」を開示するだけではなく、自分を含めた回りの世界の何であるかを告げ知らせる根拠である、ということ。

こんどは「不機嫌な気分」というのを考えてみよ、とハイデガーは言う。不機嫌なとき、われわれは単に自分の気分が「不機嫌だ」と思うのではない。不機嫌なときは、たとえば天気が悪いのも癪にさわるし、猫がごろごろ寝そべっているのも気に入らない。ふつうならいろいろな場面に適切に配慮を届かせているのに、細かいことなど頭から消えてしまう。他人に対しても同じで、攻撃的になったり配慮を欠いたりする。そして大事なのは、じつはわれわれは「気分」を作り出したり、自由に選んだりはできないということだ。「気分は襲うのである」。

肝心なのは、「気分」は人間が作り出すのではなくて、どこかから（世界の「外」からでも「内」からでもなく）、またどんな理由とも知れず、われわれを「襲う」ということ。そして、そのことによって人は、自分がどんな状態かだけでなく、「世界」や「他人」が〝何であるか〟をはじめて告げ知らされる。

これも注意すべきところだ。この分析によってハイデガーは、人間存在が、いわば自己の背後にある何らかの「非知のもの」（それはたとえば無意識とか、身体とか習慣とか性格とよばれる）によって根本的に規定されている、ということを鮮やかに示しているからだ。

③この二つをさらに追い詰めると、もうひとつ重要なことが明らかになる。つまり「気分」は、人間が人間として存在するその仕方というより、むしろ人間の存在が「世界」と関係する仕方の本質を深く教える。そうハイデガーは言うのだが、ここでは「恐れ」の気分が引き合いに出される。

ハイデガーは「恐れ」の分析を三つの契機に分けて考えるが、要はこんなことだ。われわれが夜一人で歩いているとき「恐ろしい」気分を持つのは、賊とかお化けを〝恐れて〟いるからだ。つまりまず「恐れの対象」は賊やお化けである。つぎに恐れているのは誰か。このの自分、すなわち「人間存在」である。最後に、一体何を恐れているのか？　それは「そのひとから奪い去られるかもしれない他者と共なる共存在」だ。つまり「自分の存在」がなくなること（＝死）を「恐れている」のだ、と。

ここはとくに複雑な言い方になっているが、ハイデガーの主張の要点は、「気分」はそれを深く突き詰めると、人間が自分自身の「存在」について根本的な脅えと不安を持っていることを教える、ということである。

こうして、「情状性」（＝気分）のまとめはこうなる。「気分」は、人間が根本的に「被投性」として存在することをわれわれに教える。またそれだけでなく、そのことが実存（そのつどある可能性をめがけて生きる）の根本的な根拠であること、また人間が根底的に自身の存在について恐れと不安を抱きつつ存在していることをも教える、と。

なぜ「気分」が「現」の「本質」と言えるか

ここは『存在と時間』の方法的核心を象徴する箇所なので、さらにその意味を吟味してみよう。「現」が人間存在の根本本質だというのはいいとして、そのもっとも大事な本質契機が「気分」だということは、一体どのようにして導かれたのだろうか。これについては、現象学の方法を念頭において考える必要がある。

ここでは、人間が生きていること、生、実存の本質を取り出すことが問題だった。現象学でいう「本質直観(6)」は、あることがらの「本質」を観取する方法だが、たとえばこのような場合、まず自分自身に、自分の「生」(＝生きていること)の最も基底になっている契機が何であるか、と問うてみる(内省する)のである。

いわば、自分の「生きている」ということを可能にしている根本的な根拠と言えるものは何か、と問うてみる。するとたとえば、「思考」、「判断」、「信仰」、「愛」、「行動」、「意志」、「希求」、「自意識」、その他さまざまなものが根本的な根拠、土台として浮かんでくるだろう。そしてつぎに、これらをさらに追いつめるために、それらの間で相互に「可能関係」、「前提関係」を確かめていく。すると、それらすべてのうちもっとも根底的な基礎、根拠といえるものを追いつめていくことができる。ハイデガーによると、その最後のものが「気分」なのである。

たとえば「愛すること」や「自由」や「判断すること」は「気分」によって可能になっていると確かに言えるが、その逆は成り立たない。そのほかの任意の項目も考えてみると分かるが、たしかに「気分がある」ということは、人間の「生」のさまざまなアイテムを根拠づけているもっとも底板であることが分かる。ハイデガーが「現」の本質契機を「情状性」(そして「了解」、「語り」となる)だと言うとき、それはそういう現象学的な思考によって導かれているのである。

もうひとつ大事なことがある。人間の論理的な原因遡行の能力はある意味で無限だから、人は、では「気分」を可能にしているものは何かと問えるし、それについて何とでも答えられそうな気がするかもしれない。しかし、現象学的にはここが行き止まりなのである。というのは、この「気分」は、ニーチェが「力」の概念を導いたのと同様、それ以上遡行しようとすると何らかの「物語」を持ち出すほかないような、最後の臨界点になっているからだ。

ハイデガーが「情状性」（＝気分）と呼ぶものを、ニーチェのように「力」と呼んでもいい。わたしはそれを「欲望」とか「エロス」と呼んでいるが、ともあれ、これらはそのニュアンスの差はあれ、「現」のもっとも基底的な根拠として、現象学的な方法で取り出された概念だと言える。ここはむずかしいが、そういう底板が取り出せるというのが現象学の方法の最大の特質なのである。

ともあれ、「気分」を何か特定の「感情」や「情緒」と考えると分かりにくい。むしろ、人間が感情性、情動性、エロス性をもっていることそれ自体と考えるのがいい。感情や情動がつねにすでに動いていること、このことが、判断、認識、意志、愛、理想化といった、その他さまざまな人間的な心の働きの土台をなしている。そういう考え方だ。

以後も、ハイデガーは、基本的にそういう方法で、人間の実存の本質契機とその構造を描き出していくが、この作業がじつに現象学的な本質直観の見事な見本になっている。本質直観の方法を理論的に提示したのはフッサールだが、その具体的な作業としては、わたしの見るところ、この『存在と時間』における「現」の分析や「死」の分析、またジョルジュ・バタイユの「エロティシズム」の本質についての考え方などが、見事な実例だと思う。

「気分」が世界や自分を開示するとはどういうことか

動物も「気分」をもっているが、動物は自分の存在を了解しようとはしない。そこで人間の「気分」は、すでに動物のそれとは本質的な違いがある。ハイデガーによれば、あの「けだるい気分」は「存在の重荷」を示唆するし、「不機嫌」はそれが自分と世界の全体的状況であることを教える。最後に「恐れ」は、人間の根本的な「存在不安」を告げ知らせるものなのである。

ただ、わたしの考えでは、これは少し偏りすぎている気がする。ハイデガーはある意図によってことさら〝暗い〟気分だけを範型としているが、逆にもう少しよい「気分」を考えてみることもできるだろう。

たとえば、ここ数日学校に行くのが楽しくて、ワクワクする感じがすることに、ふと気づいたとする。その気持ちをたどってみるとすぐに思い当たる。席がえをして、自分の後ろの席になった「あのひと」に引かれているからだ。どうやら自分は恋をしているのではないだろうか――。

こういう場合、まず「気分」は「私」が自由に選び取ったり意志したりしたものではなく、必ず向こうから自らを〝告げ知らせる〟ものとして現われる。そのことで「私」は自分が〝恋していること〟を知り、また「あのひと」は自分にとっての大事な人間（恋人）となる。このときから、日々の生活の意味やその中心点が大きく変貌するだろう。恋をすると文字通り「世界が変わる」のだ。「気分」が世界や自分のあり方を「開示する」とは、まさしくそういうことなのである。
したがって、なにより重要なのはつぎの二点だ。

①気分は人間の恣意性、自由を超えているということ。
②気分は「自分の何であるか」を告げ知らせ（＝被投性）、そのことで人間の実存の根拠⑦になるということ。

「気分」（＝情状性）を現象学的に本質直観して取り出せるもっとも重要な契機は、この二点である。人間が「存在の重荷」を負っていること（＝被投性）や、根本的な「存在不安」といったことは、きわめて興味深い問題だが、それらが「気分」の根本本質であるかどうかは解釈のからむ微妙な問題であるようにわたしには思える。だが、これはハイデガーの実存思想の体系全体にかかわる問題だから、ここではとりあえず疑問点として押さえておくことにしよう。

⑵了　解（Verstehen）

いちばん原初的な〝受け取り〟

「了解」も「情状性」に劣らず重要な概念である。「了解」は「情状性」と並んで「等根源的に」、「現」の本質契機である、とハイデガーは言う。「等根源的」というのは、このふたつをコインの両面のようにひとつの事態の両面として考えよ、ということだ。

またこう言う。「了解」というとき、これを認識、判断、理解といった意味での意識的な「了解」概念で受け取ってはいけない。「了解」はむしろ、認識、判断、理解などが、そこから派生物として出てくるような根底的な概念である。「了解」は、第一義としては「気分」の了解（＝受け取り）を意味するが、これはすなわちもっとも原型的な世界の〝受け取り〟を意味しており、そこからいわゆる認識、判断、理解、等々が可能になっている――。

こういう前提を置いた上で、ハイデガーはつぎのように「了解」を描いていく。

①「了解の開示性は、目的であるものと有意義性の開示性」である。

②「了解」には、「存在しうることとしての現存在の存在様式がひそんでいる」。

③「了解」は「諸可能性のうちへとつねに迫る」が、それは「了解」が「われわれが企投と名づける」構造を帯びているからだ。

④「了解」は、「おのれの固有な自己」から発する「本来的な了解」であるか、「非本来的な了解」であるかのどちらかである。

①～③までは、何らかの「気分」の動きを受け取る、感じ取る（＝了解）ということが、同時にある目標成立（……のために）の契機でもある、ということを意味している。これも

非常に明晰でかつ深い分析というほかない。

「情状性」と「了解」が「等根源的」であるということをヒントにして、こう考えるとわかりやすくなる。「情状性」は「気分」、「情動」のことだが、思い切って「エロス」という言葉を代入してみよう。「エロス」とは、「快苦原理」として「気分」が動くこと、を意味する。

たとえば、ふと気がつくと気持ちが重い。歯がしくしく痛んでいることに気づく。あるいはまた、なんだか気持ちがざわめいてワクワクする。きっと「あのひと」のせいだ、と思い当たる。そのような心の色模様を感じることは「快苦原理」の基本的な形態であって、この事実一般を「エロス原理」と呼んでみよう。

すると「エロス原理」において、これら「心の色模様」を「情状性」、そして「色模様」を感じ取ることを「了解」と解することができる。こう考えれば「了解」は認識、判断、理解、等々の概念がそこから派生する当のもの、という言い方がよく理解できるはずだ。

たとえば何度か聞いただけの曲をどこかでまた耳にしたとき、それを「あの曲」だと分かるかどうかは「あの曲の感じ」(情状性)が動くかどうかにかかっている。わたしたちは音楽を、その形態(音譜の上がり下がりなど)認識において同定するのではない。そこには「情状性」とその「了解」が生じているのでなくてはならない。

「了解」は「企投」という構造を帯びている

しかし、すると「情状性」と「了解」を分け隔てる理由はないと思うかもしれないが、やはりこれを分けることには理由がある。「情状性」と「了解」はさしあたりは「心の色模様が生じること」とその「感じ取り」(＝受け取り)である。しかし「了解」の方は、単なる感じ取り以上の契機をもっている。たとえばつぎのような例はどうだろうか。

グラミスの領主マクベスは、戦功を立てた帰路で三人の魔女に出会い、「コーダーの領主マクベス万歳」、「王マクベス万歳」という奇妙な予言を聞く。マクベスははじめ一笑に付すが、まもなく自分が戦功によってコーダーの領主に封じられたという知らせを受け驚く。しかし同時にマクベスは、自分のうちに「王に対する欲望」が抑えがたく湧き上がるのを感じる……。

コーダーの領主に封じられたという知らせをマクベスは大きな驚きと喜び(情状性)をもって受け取るが、この予言の実現は、同時に「王への可能性」を示唆するものになる。「了解」はいわば〝自分の心の色模様を感じる〟ということだが、それは単に〝自分の気分を知ること〟を超えて新しい自分の可能性(＝目標設定)を指し示すことでもある。

「了解の開示性は、目的であるものと有意義性の開示性」である、とか、「了解」には「存在しうることとしての現存在の存在様式がひそんでいる」とか、「了解」は「諸可能性のうちへとつねに迫る」がそれは「企投」という構造を帯びているからだ、とかハイデガーが言うのは、そういう意味だ。

こうして、「情状性」と「了解」は現存在における「現」のもっとも重要な契機である。それは「心の色模様」が動くこととその「感じ取り」を意味する。いわばこのエロスの動きとその感受がなければ人間の「いま、ここに、ある」は成り立たない。それはまた、人間に絶えずある可能性や目標を生じさせる源泉でもある。そういう意味でそれは、人間の「実存」の中心点なのである。

「情状性」と「了解」は、これまで見てきたようなエロス論的観点を念頭において読めば、まず難なくクリアできると思う。

「解釈」と「陳述」

つぎに、「了解」の派生態として「解釈」と「陳述」があるが、つぎのフレーズが分かりやすい。「解釈は、了解されたものを承知することではなく、了解において企投された諸可能性を仕上げることなのである」〔第32節〕(傍点引用者)。

つまり、熱っぽいときに、水が、「火照った頭を冷やしてくれる可能性をもつもの」として、「了解」される場合、この「としての了解」を「解釈」と呼ぶのである。

ついでだが、「予視」や「予持」という術語も出てくる。これはたとえば「頭が重いので何とかしたいなあ」という実存の起点があり、そこから「世界」をめがけるという場合、つまり薬はないかなとか、何か頭をすっきりさせてくれるものは、と思いつつ回りに気を配るようなその視線や把握、所持のことだ。

野原で狼に出会った旅人は、何とか追い払いたいという一心で回りを見て（予視）、投げるのに適当な石ころや、武器として手頃な木の枝や棒切れなどを探す。そのとき、石ころや木の枝は、そういうもの「として」（＝適所性）その存在を「解釈」され、「了解」されることになる。

つぎに「陳述」。「陳述は伝達しつつ規定する提示である」。つまり、「陳述」は「解釈」を規定し、提示し、伝達するのである。ハイデガーは「このハンマーは重すぎる」という陳述の例を出している。

釘を打ちたいとする。しかしハンマーを持ってみると重くて打ちにくいと感じる。このとき、たとえば、ハンマーを重く感じながらがまんして使っているとする。ここでは何だか使いにくいというぼんやりした「了解」があるだろう。それがはっきり自覚されて、もうすこし軽いといいがと思っているなら、そこには「解釈」がある。打つ道具「として」重すぎることが「了解」されているからだ。

こんどはそれを誰かに言ってみる（＝陳述）。「このハンマーは重すぎる」と。このとき、「了解」は単なる「解釈」以上のものになる。つまり、この「解釈」の伝達によって、その了解の規定を他人と共有することになる。「了解」↓「解釈」↓「陳述」。この系列はそんなところで終わりにしよう。

(3)語　り(Rede)

「了解可能性」自体すでに分節されている

「現」のもっとも根本的な契機は「情状性」と「了解」だった。また、このふたつは「等根源的」だとされた。「了解」からは「解釈」と「陳述」が取り出され、「陳述」においてはじめて「解釈」の他者との共有という問題が出てきた。そこで「語り」、つまり人間が言葉を使用することが「現」のもうひとつの契機として出てくることになる。そこまでは分かるだろうが、ハイデガーは「語り」もまた、「情状性および了解と実存論的に等根源的である」［第34節］と言う。

ふつうの感覚では、「情状性」と「了解」がコインの表裏のように一体というのは分かるとして、「言葉」はこれに派生して出てきたもののような気がすると思う。ハイデガーの言い分はこうだ。

了解可能性は、我がものにさせる解釈に先立って、いちはやくつねにすでに分節されている。語りは了解可能性の分節化なのである。だから語りは、解釈と陳述の根底にすでにひそんでいる。［第34節］

これはどういうことか。

ひとことで言うとこうなる。人間においては、まずある「感じ」やその「了解」があって、それが「言葉」によって表現される、と考えるわけにはいかない。じつは人間にとってのある「感じ」や「気分」またその「了解」が、すでに「言語」によって秩序づけられたものと言えるからだ。

たとえば、「夕焼けが赤い」という陳述において、「夕焼け」や「赤い」は、事象やそれについての「気分」を表現するが、じつはその事象や「気分」自体が「言葉」によって分節された秩序だと言える。そのことをハイデガーは「了解可能性」自体がすでに「分節されている」と言うのだ。

さて、「情状性」と「了解」という両契機の力点は、ハイデガーの用語で「被投性」と「企投」とよばれる両側面を強調することにある。

「被投性」は、ハイデガーの言い方では「人間存在が〈否応なく存在しつづけなければならないという重荷〉として存在すること」だが、もっと大きくとると、人間が必ず「何らかの存在与件として規定されていること」。そして「企投」は、人間がつねに「かくかくのものだった」から「新しいものでありうる」へとめがけつつ存在するということ、を意味する。

“語ること”、“聞くこと”、“沈黙すること”

これに対して、「語り」という契機の力点は二つある。

第一点は、人間の了解可能性（したがって「情状性」の分節可能性も）がすでに「言葉」

の網の目によって規定されているということ。第二点は、これがさらに大事な点だが、人間の存在がけっして孤立した存在ではなく、つねにすでに他者たちとともにあるような「現」として存在していることをも示している、ということである。

　これが「語り」の中心点だが、ハイデガーはこれに付け加えてつぎのように言う。「語り」はいま見たような本質性格をもつが、ここからつぎのことが派生してくる。〝語ること〟には必ず〝聞くこと〟、そしてまた〝沈黙すること〟が対応している。つまり、「聞くこと」と「沈黙すること」が、〝語ること〟とともに「語り」という「現」の本質契機を構成する、と。これは一体どういうことだろうか？

　これまで何度か言ってきたが、「頽落」という概念があって、これは、平均的な日常生活を営む人間存在は、基本的に〝頽落している〟、つまり「本来的な」生き方からずり落ちている状態にある、という考え方である。

　人間存在の分析を、平均的な日常生活を営む人間存在から始めたのだが、分析してみると、この「人間」は「非本来的」に存在していることが分かってきた。するとそこから、人間の「本来的」なあり方がどういうものかを問いつめる可能性も出てくるはずだ。そうハイデガーは考える。

　前にも述べたように、「共存在」という概念は人間が孤立した存在ではないことを強調するものだが、単にそのことを指摘するだけでは人間の「ほんとう」の生き方をうながすことにはならない。そのために「本来性」と「非本来性」という契機が持ち込まれているのだ。

そういうわけでハイデガーは、「語り」のうちに、人間存在が互いに「本来的に」存在することを促しあうための契機を取り出そうとしているのである。そして、「聞くこと」と「沈黙すること」は、そのような「語り」の〝本来性〟を取り出すための、いわば補助線になっている。

だからハイデガーはこんなふうに言う。

> 誰かの言うことを聞くことは、共存在としての現存在が他者に向かって実存論的に開放されて存在していることなのである。〔第34節〕

> たがいに共に語りあっているとき沈黙している人は、言葉のつきない人よりもいっそう本来的に、「了解させるように暗示する」ことができる、言いかえれば、了解内容を完成することができる。〔同前〕

このように、「語り」は「情状性」、「了解」と並んで、人間の「現」を構成する本質契機だが、それは人間が本質的に共存在であることのもっとも大事な標識でもあり、したがって「聞くこと」、「沈黙すること」という契機の中でその本来性を現わすようなものだ。そうハイデガーは言うのである。

人間存在の「現」の本質契機は、こうして「情状性」、「了解」、「語り」として定式化される。

7　頽　落（Verfallen）

三つの指標——「空談」、「好奇心」、「曖昧性」

「人間存在の本質」は「現」の本質、つまり「情状性」、「了解」、「語り」という三つの契機として取り出された。ところが、それだけではじめに言った「平均的日常」における人間存在とは何かを具体的に追いつめたことにならない。そこで、この「平均的日常」における人間存在の特質を「頽落」という特質において捉える、というのがこの節の狙いである。

繰り返し述べてきたが、ハイデガーによれば「平均的日常」における人間存在はすでに「頽落」している。それをどう性格づければいいか。ハイデガーの与えた指標は三つ。

1「空談」、2「好奇心」、3「曖昧性」である。

1「空　談」

「空談」とは、空しいお喋り、四方山《よもやま》話、井戸端会議といったものだ。さきに見たように、人間存在の本質として「語り」がある。人間は他者と〝語りあう〟。それは人間の実存が他者に向かって「開放」されているということだが、もっと言えば、人間同士が互いにその実存のほんとうの可能性を取り交わしあう可能性が潜在的に開かれている、ということでもある。

ところが、ふつう日常的には人間は、そのような可能性として「語り」をもたない。四方山話や井戸端会議やどうでもいい日常茶飯のおしゃべりとして、それを持っているにすぎない。

だから「空談」とは、「語り」が本来的ではなく頽落的に存在しているもの、を意味する。

2 「好奇心」

「空談」が「語り」の頽落形態だとすると、「好奇心」は、「了解」のそれと考えることができる。ただし「了解」それ自体というより、「了解」の要素である「視」（視てとること↓「予視」、「配視」という術語で示される）の頽落形態である。

「了解」は「情状性」（自分の中のエロスの動き）を受け取ることだが、これを起点として人間は、自分の新たな「ありうる」（存在可能）へとめがけることになる。この「めがける」働きの契機として「視」がある。「視」は自分のいまある状態を起点にして、いわば「さて何ができるかな」と回りの世界を見わたしながらめがけるのだ。

この「視」が「認識」とか「判断」とか「推論」の基礎であることはもう明瞭に理解できるだろう。ところが、日常的な生活における人間は、この「視」を、自分と他者の実存の深い可能性に向かってめがけるためにではなく、ただ何となく〝面白いものはないかな〟という仕方でもっている、とハイデガーは言うのだ。

たとえば、現代社会ならば日々テレビで繰り返される、芸能人スキャンダルやビッグニュース、大地震とか、オカルト宗教とか、猟奇事件、またドラマやあらゆる流行現象など、さまざまな「物語」がある。それらは「平均的日常」における人間の恰好の「好奇心」の的となり、また「空談」のテーマとなるわけだ。

ハイデガーはこう書いている。「好奇心が新しいものを求めるのは」ただ単に新しいものを追い求めるためであり、問題とされているのはそこから「真理」を捉えることではなく、むしろ「世界におのれを引き渡すことの諸可能性なのである」［第36節］と。「世界におのれを引き渡す」とは、ハイデガーによれば、世間的な話題や問題に夢中になって「気散じ」の中で我を忘れること、つまり自分の本来的な実存の可能性をすっかり見失うことにほかならない。

3　「曖昧性」

「曖昧性」は、「了解」それ自身の頽落形態。

実存の定義は「了解しつつ存在しうること」だが、この場合の了解には、自分がどのような存在であるか（あったか）、またどのような存在でありうるかについての自己了解、という意味が含まれている。だから、「了解」には単なる「情状性」の感じ取りではなく、いまある自分を起点として、そこから自分の新しい「ありうる」をめがける、「企投」という性格が与えられていた。このような意味での「了解」の頽落形態が「曖昧性」なのである。

ハイデガーの言い方はこうだ。

誰にでも近づきうるものであって、しかも誰もがそれに関してあらゆることを言いうるようなもの、このようなものが日常的な相互共存在において出会われるやいなや、何が真正の了解のうちで開示されているものであり、何がそうでないものであるのかは、もはや決せられえなくなる。［第37節］

大地震が起こった。誰が一番悪いか。オカルト宗教がある。教祖はどんな人間か。人々が引きよせられる原因は何か……。そういう問題だけではない。教育問題。政治汚職。差別問題。その他の社会問題などなど。いろんな問題がわたしたちのまわりに生起するが、誰でもがそれについて何となく重要な問題であるとして、さまざまな意見を言うことができる。原因はここだ、とか、ここを改善すべきである、とか、諸悪の根源はここにある、と論じることができる。

しかし、ハイデガーによると、まさしくこのような諸意見、主張、言説のあり方こそ「曖昧性」の典型である。「現存在がつねに曖昧に存在しているのは、（略）相互共存在の公共的な開示性において」［同前］である。こういう一見大事そうなテーマの中で人々は何か大事なことを相互に了解しあっているように思い込んでいるが、じつはそれらは、人々のそれぞれの固有の実存にとっては〝他人事〟なのだ。

「了解」は本来的には、人間が自分の存在の新しい「ありうる」をめがけて「企投」するものである。しかし、今見たようなテーマについて一般的な意見を言うことは、じつは自分の固有の「ありうる」とは少しもかかわっていない。

「曖昧性」はそのようにして、つまり「いったい何が本来的に了解されるべきであるのか」［第38節］を不問にするという仕方で、人間の本来の了解のあり方を忘却させ隠蔽している——。

「曖昧性」としての社会批判

さて、「現の日常的存在と現存在の頽落」のまとめはこうなる。

「現」の本質契機を「情状性」、「了解」、「語り」という形で取り出すことができた。しかし、平均的日常にある人間の存在仕方を分析してみると、それは「空談」、「好奇心」、「曖昧性」という形で、つまり「本来性」から落ち込んだ「頽落」した状態において存在していることが明らかになった。このセクションの全体の枠組はそういうことになる。

ところで、わたしたちは、この「空談」、「好奇心」、「曖昧性」という分析が、いわば現代の情報社会における大衆社会的状況に非常にフィットすることに気づくはずだ。たしかに、稼ぐこと、消費すること、なにか面白いものを求めること、流行を追うことに夢中になっているような現代人を見ると、人々が「空談」、「好奇心」、「曖昧性」の中で、ほんとうの自己を見失っているという言い方は、なかなかリアリティがある。

だが、すでに示唆してきたように、ここにはハイデガーの「本来性－非本来性」、そして「頽落」の概念自体が孕む問題がはっきりと現われている。この問題に少し立ち止まってみよう。

現代社会を取り巻いているマスメディアの環境を見ると、たしかに「空談」、「好奇心」といったハイデガー用語を使ってみたくなる。しかし逆に言えば、現代社会に生きる人々がそのように「頽落」している、という言い方それ自体が、いわばいつでも誰でも言えるような、「曖昧性」としての社会批判になりうる。それは言ってみれば、誰でもが、いつでも自分の実存とはかかわりなく言えてしまうような現実への批判だからである。実際そのような社会批判は、現代においても満ちあふれていると言ってよい。

この問題の核心は、やはり人間の「本来性－非本来性」という考え方にある。ハイデガーの「現」の本質の導き方は、現象学的方法の比類のない手本と言えるものだったが、わたしの見るところ、この「本来性－非本来性」の概念は、とうてい現象学的とは言えないのである。

「共通了解」を作り出す

現象学的な発想の根本は、あることがらの「本質」はふつうの人間の生の経験の中に必ず存在する、という点にある。たとえば、ハイデガーが「現」の本質を取り出すさいに見たように、「生」の本質は何かという問いの答えは、各人の「生きるとはどういうことか」についての漠然とした了解から（これを鋭くしていくという形で）取り出されなくてはならない。これがまず第一の原則である。

つぎに、この「本質」を取り出すというのは、「生とは何か」についての何か形而上学的な「真理」を発見するといったことではない。あることがらの「本質」を取り出すとは、その「言葉」で人々が了解しているもっとも核心的な共通項を括り出すということを意味する。だから、「本質」を取り出すことは何らかの真理を見出すことではなくて、それまで適切な形で成立していなかった共通了解の土俵を作り出すということなのである（ハイデガーによる「死」の本質直観というその見事な実例を、すぐあとで見ることになるだろう）。

では、なぜ共通了解を作り出す必要があるのか。学や真理のためではなく、ただ共通了解を作ることによってさまざまなトラブルを乗り超えうる可能性が出てくるからである。逆に言えば、とくに大きなトラブルもなく、また他者と了解しあおうという欲求のないところでは、ものごとの「本質」を取り出すための言葉の努力はあえて必要ないわけだ。しかしまた、人間どうしが相手を認めあい、受け入れあい、了解しあうことは、社会的な努力としていつでも有意味だと言えるだろう。

ともあれ、こうして現象学で言われる「本質」とは、一般に誤解されているような「真理の基礎づけ」ということとは何の関係もない。それはただ問題が生じたときに「共通了解」を導きうる可能性の条件を規定するものなのである。

すると、つぎのことも分かるだろう。「生」の「本質」とは、非常に高い知力や徳や聖性をもった人間にしてようやくそれに到達しうるような真理や悟りといったものではなく、ごく普通のひとが、普通の生活の中で経験している「当のもの」であるということ。したがって肝心なのは、その平均的了解（多くの人間のさまざまな「生が何か」についての漠然とした知）を適切に鍛え上げて、多くの人々にとっての共通了解の土俵になりうるような「言葉」にもたらすことなのである。

　そもそもハイデガーが日常的な人間存在から、またその平均的存在了解から出発せよと言ったのは、そのような現象学的な方法を暗に前提していたからだ。

二項区分の導入

この前提からハイデガーが行った作業の中心は、二つある。一つは、現象学的な本質直観の方法を、巧みに欲望論的、実存論的な文脈に変奏しながら、事物の「存在」と人間の「存在」の本質契機をかつてない仕方で取り出したこと。もう一つは、人間「存在」を本質的な共存在として示し、このことによって人間存在の関係の原理論の土台を据えたことである。

　わたしの見るところ、この二つの仕事の功績は限りなく大きい。そしてその意味は、ヘーゲルがはじめてなしとげた「人間関係の原理論」を、社会関係の文脈からさらに、実存論的な文脈へと変奏した点にある。

　ヘーゲルが『精神現象学』で展開した「人間関係の原理論」の基軸は、いわば「役割関係」（承認関係）の関係論である。これに対して、ハイデガーのそれは、いわば社会的な

「役割関係」に還元しきれない、相互に規定しあう実存の関係の問題を繰り入れているのである。

ところが、そのような大きな功績にもかかわらず、ハイデガーはこの「関係の原理論」に、「本来性‐非本来性」という二項区分を導入する。そしてそれは、平均的日常、世俗の生活、世間、これらが人間からその「本来性」の可能性を奪っているのだから、これを捨て去れというニュアンスを強くもっているのだ。だが、これはいかにも唐突な感を与える。

というのは、現象学的な考え方から見れば、人間の「本来性」（＝ほんとう）の本質は、まさしく平均的日常における生活の関係の中で生きているものだからだ。つまり、わたしたちは誰でも、日常生活の中で、そのつどこれは「ほんとうだ」、「よいことだ」とか、あるいはまたこれは「おかしい」、「不当だ」、「間違っている」といった〝了解〟をなしつつ生きている。だから、人間のふつうの生活の関係の中にこそ「本来‐非本来」という対立項の原理が存在しているのだ。

したがって、人間の生の「ほんとう」は、平均的日常における人間のさまざまな関係それ自体の内から、それを煮つめていくという形で取り出されるべきなのである。ところが、ハイデガーは「本来性‐非本来性」という二項区分によって、人間の平均的日常の全体が、ほんとうの生き方から隔たったもの、「非本来的なもの」である、という観点をいわば外側から持ち込んでいるのである。

これは、極端に言えば、「いまの世の中は矛盾だらけである、したがって、この世の中全体が恐ろしく堕落した、悪の世界なのだ」というような、いわば出家主義的な発想と無縁とは言えないのだ。ハイデガーの「頽落」概念にはそういう危惧がつきまとっているが、これについてはあとでもっと突っこんで考えてみることにしたい。

8　気遣い（Sorge）

根本的情状性としての不安

このセクションのポイントは三つ。「気遣い」という概念の提示、「不安」という気分の分析、そしてハイデガー的な「真理」の概念を示すこと。

まず「気遣い」だが、この概念は少し混乱しやすい。これまで「現」の本質を「情状性」、「了解」、「語り」という形で定位したが、ここではこれを「人間存在の構造をもういちど全体的な統一として捉えなおす」というモチーフで整理しなおしている。そこでハイデガーは「現」の本質契機を全体として「気遣い」と呼びなおし、その内実も「実存性」、「現事実性」、「頽落」という形に変奏しなおす。

その上で、ハイデガーは「不安」という気分の分析を行う。彼はこう言う。

「現存在の存在」、つまり人間存在の本質をさらにふかく探究したいが、その答えは、人間の存在了解内容それ自体の中にある。ところで、誰でもが了解としてもっているもので、人間存在の本質をふかく教えるようなものがある。それはつまり不安という気分（情状性）についての了解である、と。

「情状性」(気分)は人間の「現」のもっとも基本的な契機だった。人間はいわば喜怒哀楽の気分の中でこそ生きている。そして、このさまざまな気分のありようをよく考えてみると、「不安」という気分は、それら諸気分のもっとも底をなす根本気分と言える。そうハイデガーは言う。「現存在がそこでは際立った仕方でおのれ自身に開示されているような(略)情状性」〔第39節〕、それが「根本情状性」としての「不安」なのである。だから「不安」を実存論的に分析してみようということになる。

「自由」であることを自覚させる

「不安」は前に出てきた「恐れ」とはすこし違う。「恐れ」はその対象がはっきりしている。たとえば、われわれは強盗や幽霊や天災や大失敗などを恐れる。これに対して「不安」は対象が明確でない。だからその対象は、あえて言えば「無」それ自体と言える。

「不安」はその対象が「無」であるために、かえってわれわれに重要なことを教える。つまりそれは、人間存在が本質的に「単独」であること、また本質的に「自由」であることを開示する。不安において人は自分の孤独を自覚せざるをえないし、またそれは世俗の中での自分のあり方を一瞬取り払うから、自分が本質的に「自由」であることをも自覚させる――。

この「自由」にはハイデガー独自のニュアンスがある。ふつう人間は俗事に取り紛れているが、不安は人間を自分の孤独、存在の恐れに直面させる。もっと言えば不安は「死の不安」に繋がっているから、それは人間をいわば存在の裸の姿に直面させる。だからそのとき、人間は一瞬「頽落」の状態からほどかれることになる。人間は世事における「気遣い」、つまり「あれこれのことをしなくてはならない」から遮断されて、いわば「何をすべきかがまったく自分自身に委ねられている」という状態に置かれる。そうハイデガーは言う。

> 不安は、最も固有な存在しうることへとかかわる存在を、言いかえれば、おのれ自身を選択し把捉する自由に向かって自由であることを、現存在においてあらわにする。不安は、現存在が何かに向かって自由であること（略）に、つまり、現存在がつねにすでにそれである可能性としての現存在の存在の本来性に、現存在を当面させる。［第40節］

不安は世俗への「頽落」を一瞬解きほどくから、人間の存在可能を「本来的な」ものへめがけさせる役割を果たす。ここでの「自由」とは、要するに、人間をして「本来的」な生き方と、「非本来的」なそれとのどちらかをまったく無根拠に選ばせるような自由を暗に意味しているのだ。

ひとことコメントすると、ここでも「本来‐非本来」の構図が、「不安」の本質直観をくもらせているようにわたしは思える。わたしなりに「不安」を本質直観してみると、その本質は必ずしも「死の不安」につながらない。それはむしろ「自我の不安」につながっている。つまり自我のアイデンティティを損なう恐れ、あるいは自分の重要な存在可能を損なう恐れを内実とし、しかもその対象が何らかの理由で意識できないとき、人間は必ず不安の気分におそわれるのである。

不安においては、その対象が「無」となる。したがって、人間は世俗から一瞬切り離され、「頽落」から解かれる。だから実存の「本来的」な存在可能に向きあう可能性を得る。そうハイデガーは言うのだが、人間は死の不安に直面したとき、たしかに世俗的な「気遣い」から切り離される、と言えるが、そのことが実存の「本来性」を自覚する可能性にただちにはつながらないとわたしには思える。

ともあれ、ハイデガーによれば、「不安」こそが「根本情状性」、つまり人間存在にその「存在」(=存在本質)を自ずと告げ知らせるような特権的な情状性である。それは人間にふだんは見失っている存在の「本来性」を暗示するものだ、ということになる。

人間存在はつねに何かを「気遣って」いる

つぎにハイデガーはこう言う。「不安」の分析の中で、人間存在の構造の「全体性」がこれまでよりいっそう明らかになった。それを定式化するとこうなる。

すなわち、現存在の存在は、〔世界内部的に出会われる存在者〕のもとでの存在として、おのれに先んじて〔世界〕の内ですでに存在している、ということを意味する、と。こうした存在が気遣いという名称の意義を満たすのであって、この名称は純粋に存在論的・実存論的に使用されているのである。［第41節］

先に見た現存在の「情状性」、「了解」、「語り」という本質は、ここで「実存性」、「現事実性」、「頽落」という形で規定しなおされる（「企投」、「被投性」、「頽落」と同じ）。ハイデガーはこれをもう一度言い換える。つまり、人間存在は「世界の内ですでに存在しつつ、おのれに先んじて存在する」。

ここで、人間存在の本質は二つの柱で考えられる。一つは、すでに他者や事物とともに存在している存在であること。もう一つは、自分の何でありうるかをつねにめがけるような存在であること。これを定式化すると「実存性」、「現事実性」、「頽落」ということになるのだが、この定式の全体をハイデガーはもういちど「気遣い」という術語で呼ぶのである。

「気遣い」ということばには暗に、人間が自己の存在可能性を「気遣うこと」というニュアンスがある。それはまた、自己のほんとうの（本来的な）存在可能性を了解し、そのように生きようと「気遣うこと」でもある。

こうして「気遣い（Sorge）」は、人間存在における根源事実だとされる。人間は「情状性」、「了解」、「語り」という契機をもつことによって、自分とまわりの世界の「存在《なんであるか》」をつねに開示し、さらに自分の存在の新たな「存在可能《ありうる》」をめがけつつ、また自分の存在可能を問題にしながら存在する。そのような人間存在のあり方の本質が、「気遣い」という術語で示されるのである。

ここは、「情状性」、「了解」、「語り」という「現」（内存在）の本質契機と、「被投性」、「企投」、「頽落」という「気遣い」の本質契機とが、かなり混乱して分かりにくいところだ。「情状性」、「了解」、「語り」（＝内存在）は、人間存在の〝形式的〟な本質契機、「被投性」、「企投」、「頽落」（＝気遣い）はその生活内実における本質契機、といった感じでつかんでおくのがいいと思う。

ちなみに、「被投性」、「企投」、「頽落」のうち「被投性－企投」は非常によく考えられている。つまりそれは、人間はつねに、「自分がどういう存在であるか（あったか）」（＝被投性）から、「自分はどういう存在でありうるか」（＝企投）へとめがけつつ生きている、ということを意味する。この分析によって、人間存在が「時間的」存在であることが、この上なく明瞭になっている。

したがってまた、「頽落」は、人間はそのような可能性をめがける時間的な存在だが、同時に潜在的には「非本来性」をしか生きていないような存在だ、ということを意味することになる。

「真理」と「存在」の奇妙な弁証法

第一篇の締めくくりとして、ハイデガーの「真理」概念があるが、これは後期思想でくわしく見るので簡単に触れるだけにしておく。

ここでの要点は三つ。①これまでの伝統的形而上学の「真理」概念を批判すべきこと、②実存論的な「真理」概念を提示すること、③最後に、そうして規定された「真理」概念と「存在」概念の相関性を明確にすること、である。

ハイデガーによれば伝統的な「真理」概念は、たとえば「AはBである」と言うときのその対象と陳述（判断）自身の「一致」にある。これは、「認識」と認識されるべき「対象」の「一致」、主観と客観の「一致」と言っても同じ。これが従来「真理」と見なされてきたが、これは間違い。

これに対してハイデガー独自の「真理」概念が提出される。彼は「真理」の概念を「存在者が存在者自身に則して自らを暴露すること」という形で提示する。「真理」は、認識がその対象に「一致」するという構造において現われるのではなく、むしろ「人間存在がその存在本質を自分の内側から暴露する（露わにする）」という構造としてある。ハイデガーはそう言う。

この「暴露」、あるいは「見させる」、「露わにする」、「覆いを取り除く」というハイデガー的な言い方のニュアンスが問題である。

存在――存在者ではない――が「与えられている」のは、真理が存在するかぎりにおいてのみである。また、真理が存在するのは、現存在が存在するかぎりにおいてのみであり、またそのあいだだけである。存在と真理とは等根源的に「存在する」。［第44節］

「真理」の存在根拠は、人間存在に「本来性」が内在するからである。つまり、「真理」というものが存在するその理由は、どこかに人間の「ほんとうの生き方」とか「ほんとうのあり方」といったものが必ずあるからだ。また人間存在の「存在」といったものが探究に値するのは、人間が「真理」を探究するような存在だからである、と。

ともあれ、ここでのこのような「真理」と「存在」の奇妙な弁証関係は、〝転回〟以後のハイデガー思想にとってもいっそう重要な問題となることを予告しておこう。

注

（1）「根本契機」↓「契機」という言葉は、「きっかけ」という意味ではない。たとえばピッチングの本質契機は、スピード、コントロール、コンビネーションの三つ、という具合に使われる。「構成要素」というと実在的な感じがあるので、「契機」という言葉を使う。

（2）「生きられているものとしての世界」↓　客観的な「世界」は誰かが死んだ後も実在する世界だが、ある人間に「生きられている世界」は、彼が死んだらなくなってしまう「世界」である。

（3）「コギト」↓　デカルトの命題「コギト・エルゴ・スム（われ思う、故にわれ在り）」の「コギト」のこと。自己存在の存在根拠としての「われ思う」を意味する。

（4）「開示性」↓　世界がその「何であるか」を自ら示し表わす、ということだが、さらに、「世界」が、人間の「現」と相関的に開かれつつ現われ出る、というニュアンスがある。人間が絶えず世界に情状性や了解をもっていること。そのことと相関的に世界はその「何であるか」を開き示すのである。

（5）「被投性」↓　人間が「存在」へと投げ込まれていること。つまり自分の存在の根拠を自分で持たず、たまたま世界に投げ込まれている、というニュアンス。ハイデガーはこの事態を人間存在の根本的な「現事実性」と呼んでいる。また被投性には、いつでも人間の存在はある与件、条件、規定を受けており、そこから自分を新たな企投へと投げかける、というニュアンスもある。

（6）「本質直観」→「本質直観」はフッサール現象学の術語。あるものの「本質」を〝直観〟することという理解は適切でない。この〝直観〟は、ピンとくる直観ではなく、むしろ観て取ること、「観取」といったニュアンスで使われている。あることがらの「本質」をうまく取り出すための現象学的方法。

（7）「実存の根拠」→　たとえば、頭痛（頭が重いという気分）は、単に自分がそう感じているという受け取り（＝了解）ではなくて、表に出ていい空気を吸ってみようかとか、水で顔でも洗ってみようか、といったように、人間をつぎの行動へ向かわせる〝根拠〟なのである。

第三章　『存在と時間』２――死の現存在分析

1　全体存在と「死」

「死の現存在分析」についてのプランニング・レポート

ここから『存在と時間』の第二篇に入る。先に約束したように、ここでも大きな進み方をはじめに示しておこう。

(1)「死の現存在分析」――死が人間の実存にとってもつ意味の本質を分析する。（↓第二篇、第一章）

(2)「良心、先駆、決意の分析」(1)の続き。――死の本質から、人間の「本来的な実存」の可能性を取り出す。（↓第二篇、第二章）

(3)「時間の実存論的分析」――ハイデガーの時間論。現存在の本質としての「気遣い」の意味として時間性を考察する。（↓第二篇、第三、四章）

(4)「時間性と歴史性」——人間にとっての歴史性と共同体の意味を考察する。（→第二篇、第五、六章）

まず(1)の「死の現存在分析」。

これまで人間の「本来的な存在」という概念が中心的に現われていたが、ここでハイデガーは、人間の「全体存在」という概念を持ち出す。彼によれば、人間存在の根源的な理解は、その「全体性と本来性」の両面にわたる必要がある。

ここまで、平均的日常における人間を分析して、それがじつは「頽落」していることが明らかになったが、そのことでかえって人間存在の「本来性」ということの手掛かりをつかんだ。「全体性」もまた同じ仕方でこれを捉えうるかもしれない。そう言うのである。

では人間存在の「全体性」はどうしたら捉えうるか。「全体」と言うからには人間の生の「全体性」をつかむ視点が必要となる。そして、そのためのもっとも大きな手掛かりは何といっても「死」という問題である。人間だけが「死」の観念をもつ。

また人間は、いわば「死」をめがけて存在しているような存在であり、ある意味で「死」が人間の生の「全体」を完結する。したがって、人間存在の「全体性」を捉えるためには「死」が人間にとって持つ意味を深く分析することが出発点になるはずだ。

ただ、その際問題なのは、見てきたように、平均的日常における人間は世事のうちに我を忘れて、「死」という問題にはっきり直面しないという態度を取っていることである。だから「死」は「世人」にあってはその本質が隠されている。そこで、「死とは何か」についての分析は、「世人」がもっているいわば仮象としての「死」のありように抗って行われる必要がある――。

ざっと言って、これが有名な「死の現存在分析」についてのプランニング・レポート（企画書）だ。何といっても、普通の状態では、人間にとって「死」は、怖れと不安によってそれ本来の形ではつかまれていない、という着眼が面白い。

〝独自な可能性〟としての「死」

ハイデガーの「死の分析」は、こんなふうに進む。人間は現に生きているかぎり自分の生の「全体」を見渡し、把握することはできない。それはまだ〝終わっていない〟（未了）からだ。では、すでに生を終えた他者の生を「全体」と見立てて考察するという手はどうだろうか。これも駄目である。なぜなら、「死」は誰にとっても交換不可能なもの、「最も固有な(eigenst)」もの、つまり「自分だけのもの」だからだ。

だから、あくまで個々人にとっての固有の「死」というものを徹底的に考察する以外にない。そういうわけで、ここでの「死」の分析もまた、「死」というものを客観的に科学するようなものではなく、あくまで、実存から見られた「死」の何であるかを記述することが課題となる。

細かなところは省略して、ハイデガーによって取り出された「死」の本質契機がどういうものかをみよう。つぎが、もっとも象徴的な文章。

死の完全な実存論的・存在論的概念は、いまや次のような規定において限界づけられるわけである。すなわち、現存在の終りとしての死は、現存在の最も固有な、没交渉的な、確実な、しかもそのようなものとして無規定的な、追い越しえない可能性である、と。死は現存在の終りとしておのれの終りへとかかわるこの存在者の存在の内で存在している。［第52節］

①死の交換不可能性（最も固有な可能性）、②死の没交渉性、③死の確実性、④死の無規定性、⑤死の追い越し不可能性。これらが「死」の本質契機ということになる。

①死は交換不可能であるというのは説明の必要もないだろう。自分の死は誰とも交換できない。

②没交渉性とは、死が切迫するときには人間は孤独になり他者と「没交渉」になる、ということ。共存在が脅かされるのである。

③確実性。人はふつうの状態では自分が死ぬということを深刻に考えていない。にもかかわらず心の一番底では、いつか自分も必ず死ぬということを「承認」している。

④無規定性とは、人は「いつか死ぬだろうけれど、それはもっと先のことだ」と何となく

思っていること。しかし現実には、死はつぎの瞬間にも人を襲うかもしれない。そこで死の確実性には、死の時期の無規定性ということが結びついている。だが人はその切迫性をわれ知らず隠蔽しているのである。

⑤追い越し不可能性。これは死の可能性は人間存在のいわば最後の可能性であって、それを誰も追い越せない、ということである。

「本質直観」の優れた実例

これが「死の実存論的分析」のさしあたりの結論だが、まず注意すべきは、この結論がいったいどのようにして導かれているかということだ。

前にもふれたが、これは現象学における「本質直観」の見事な実例のひとつである。少し解説してみる。

現象学の「本質直観」とは、あることがらや概念の〝本質〟を「観取」する方法だが、ここでハイデガーは、「死」の本質直観をだいたいつぎのような仕方で行っている。

「死」が〝何であるか〟についてはさまざまな考え方がある。たとえば、キリスト教では悪業をなせば死後地獄に落ち、信仰を持っていれば、最後の審判の後、永遠の生命を与えられる。仏教では、生き物は輪廻転生し、ここからの解脱が最終目的になる。近代的な思考でも、個体として人間は死んでも子孫の形で生命の連鎖を繋ぐとか、人間や他の動物と自然界とは大きな生命循環の輪の中にある、といった考え方がある。

しかし、これらの考え方は大なり小なり「物語（＝オトギ話）」によって「死の何であるか」を説明する点で共通している。ところが「物語」による説明は、それ自体としては優れた〝思想〟を含むことがあるが、宗教圏を超えると共通了解にはなりにくい。「物語」から思想だけをうまく取り出さないかぎり、それらは互いに排斥しあうほかないのである。

さて、現象学的な本質直観の考え方では、すでに存在する「死」についてのさまざまな説明から、「物語」の要素を取り払い、その「物語」を支えているモチーフの〝本質〟だけを取り出そうとするのだ。

死についてのさまざまな「物語」がある。しかし人々をしてそれらの「物語」を作り出させている〝何か〟が、普遍的なものとして存在するはずだ、というふうに。あるいはまた、「死が何であるか」についての「物語」は千差万別だが、「死」というものが人間に及ぼしているもっとも深い〝意味〟はそれほど違ったものではない、と。

そこでハイデガーのような〝分析〟が可能になる。つまりまず、死はどんな人間にとっても〝交換不可能〟なもの、〝没交渉なもの〟、〝追い越しえない〟ものとして存在しているはずだ、ということになる。

こう考えてみると、ハイデガーの「死」の分析は、典型的な近代人における死の感覚を基本としていることが分かると思う。死は場合によっては無規定なものでも没交渉なものでもないことがありうるからだ（たとえば殉教などを考えるといい）。

「死が何であるか」は、ようするに、その社会や文化が「死」を共同的にどのようなものと見なしているかによって異なるのである。しかし、それでもさまざまな「死」についての共同的な「物語」を超えて、「死」が人間にとって持つ普遍性というものを想定できるはずである。わたしなりに言えば、①不安、脅威、畏怖を与えるということ、②不可避性、③切迫性（いつやってくるか分からない）、④不可処置性（それを引き延ばしたりできない）、⑤交換不可能性、などが妥当なところだと思う。

「先駆」は人間を「頽落」から引き離す

ともあれ、こうして死というものの本質を分析してみると、さらに見えてくるものがある。なにより肝心なのは、死は各人にとって〝固有の〟、〝避けがたい〟恐ろしい可能性（現存在しえないという可能性）であり、だからどんな人間もこの死の存在の意義を〝隠蔽〟し〝馴致〟せざるをえないということだ。ハイデガーによると、そこをよく考えれば、なぜ人間が世人のうちへと「頽落」しているのかというその理由が明らかになる。

人間は、あるいは人間だけが、「死への不安」を持って生きている。その意味で人間は本質的に「死へとかかわる存在」である。しかし人間は、ちょうど誰も太陽を直視できないように、この死という恐るべき可能性を直視することができず、そのため自分を世事のさまざまな気散じごとの中に「頽落」させている。人間が必然的に「頽落」の中を生きているその本質的な理由は、「死の不安」ということにあったのだ。

これは個人だけではなく、共同体全体についてもまた同じことが言える。人間が総じて

「世界（=世間）のほうから」自分の存在《なんであるか》を了解すること、言いかえれば、自分の存在の意味や価値の根拠を、自分の固有の実存から取り出さないで、世間一般に通用している人間存在の意味や価値から取り出すその理由は、「死の不安」の隠蔽と馴致ということにあった、と。

「死は現存在の最も固有な可能性」なのだが、人間は「世人」へと頽落することによって、自己存在の「最も固有な」可能性から身を引いている。じつはこの可能性に目覚めることによって、はじめて人間はその存在の本来性をつかみうるのだ。したがって、そのためには人間は恐るべき可能性としての「死」を隠蔽せず、自分のものとしてそれに向き合うという態度を取る必要がある。この死へと向き合う自覚的な態度を「先駆」と呼ぶことにしよう。ハイデガーはそう言う。

> 先駆とは、最も固有な最も極端な存在しうることを了解しうる可能性、言いかえれば、本来的実存の可能性であることが、立証されるのである。［第53節］

まず「先駆」がここでの大事な術語だ。これは、「自分が死すべき存在であることの深い自覚」、あるいは簡単に「死への自覚」と読み換えればいい。「死への覚悟」とまで言うと、ちょっと言いすぎになると思う。

ともあれ「先駆」は、人間を「頽落」から引き離し単独化する。いわば真に自由な人間として自立させる。またそのことで「先駆」は、人間が世俗の諸可能性の中で自己喪失することを防いでくれる。ハイデガーはこんな言い方もしている。「先駆」は、「そのつど達成された実存に固執することを、どれもこれも打ち砕く」。つまり、自分が達成したもの（名誉でも地位でも業績でもいい）にしがみつくのをやめさせる――。

　もうひとつ重要な点がある。「先駆」は、人間が世俗の欲望に執着するのをやめさせてくれるのだが、そのことによって、「他者」を自己中心的な見方によって歪めたり、自己中心性のために利用したりすることから人間を「解放」する。つまり、死への「先駆」によってはじめて人間は、他者をほんとうの意味で共存在するものとして了解し、その本来的な実存可能性を促しあいつつ互いに関係する可能性を持つ。そうハイデガーは言うのである。

　人間にとって「死」の本質は何であるか。それは各人にとって、切迫した、恐るべき、固有の可能性である。だから人はそれを必ず馴致、隠蔽しないではいられない。この「死の不安」の馴致、隠蔽こそが、「頽落」ということの本質的な原因だった。この辺りまでのハイデガーの分析は、「死」についての考察として先例を見ない卓越したものだといえる。ただ、この後ハイデガーは、この「頽落」の自覚、またそこからの覚醒こそ、人間がその「本来性」（＝ほんとう）を生きる唯一の可能性だ、というかたちで話をすすめていく。そうなってくると、さまざまな疑問点も出てくるのだ。

2　証し、良心、決意性

「良心」は人間の本来的な実存可能性の「証し」である

ここで出てくる主な術語は、「証し」、「良心」、「責めあり」、「決意性」。

まず「証し」とは何か。人が「死にかかわる存在」であることを深く自覚することは、その「本来的実存の可能性」をもたらすものだとされた。「証し」とはつまり、その「可能性の原理」と考えればいい。本来的実存なるものの可能性の原理があるのかないのか、それをはっきりさせなくてはいけないのだ。

ハイデガーによれば、その原理は存在する。どういう形で存在するか。それは、本来的な存在の可能性があることを「了解するようほのめかす」呼びかけという形で、各人にやってくる、と言う。人間に、彼が「本来的に存在しうる」ことを〝ほのめかしてくるもの〟とはいったい何か。

こう言うとまるでオカルト的だが、じつは、ふつう一般に「良心」と呼ばれているもの、それがこの〝ほのめかすもの〟なのだとハイデガーは言う。

「良心」とは何だ、と問うと、人はたいていそれほどはっきりとは答えられないだろう。人間の中の道徳心であるとか、善き心であるとかいう具合に。しかし、これも実存論的に分析してみると、これまで気づかなかったことが明らかになってくる。

「良心」とは何か。それはつまり、何かを了解するように「ほのめかす」ものだ。またそれは呼び声だといっていい。だからそれは「語り」の一形態である、と。では「良心」というものは一体何を呼びかけ、ほのめかすのか。自分が「責めある存在」であること、すなわち「良心」とは、現存在自身が、おのれの内部から、自分自身に向かって、「本来的な自己自身であれ」と呼びかける声なのである、と。

「良心は気遣いの呼び声としておのれをあらわにしている」［第57節］。つまり、人間はふだんは世俗の瑣末事や空談の欲望に自分を忘れているが、もともとは人間存在の本質は、自分自身の存在のあり方を気遣う存在なのであり、だから「良心」とは、頽落から身を離して、自分の中の自己を気遣う声を聞くことなのである──。

また、こうも言っている。「公共的良心」というものがあるが（たとえばカント的な、世界はみな平和であるべきというような）、あれは怪しい。というのは、それは「誰が、誰に向かって」呼びかけるのかはっきりしない、漠然とした道徳律にすぎないからだ。「良心」はその本質において「そのつど私のもの」であるような呼び声でなくてはいけない──。

難解に聞こえるが、ようするに、ハイデガーの言いたいことはつぎのようなことだと思う。

ハイデガーは、人間が「死」を深く自覚し、それにはっきりとした態度を取って生きるなら、「ほんとうの生」が可能であると言ってきた。では、この「本来的な実存」の可能性の原理をどう考えればいいか。つまり、その気になれば誰にでも「ほんとうの生き方」が可能であるということは、何かによって根拠づけられるだろうか。

「良心」というものを考えてみるといい。それはじつは、単に人間の道徳心や善性を表わしているのではなくて、人間存在がその内部に自分自身に対する真の意味での「気遣い」を持っていること、本来の自己たろうとする本性をひそめていることの証拠なのだ。だから「良心」は人間の本来的な実存可能性の「証し」と言える。ハイデガーはそう言うのである。


「良心」が呼びかける「責めあり」


もう少し進もう。われわれの中から「良心」の声がするとき、それは何をほのめかすのか。それは、われわれの存在におけるある「責めあり」を、つまり何らかの欠損状態、不全な状態、疚《やま》しい状態を、ほのめかしているのだ。それは「これではいけない」とか、「こうであってはならない」と思わせる力なのである。

そんなふうに進んで、最後にハイデガーはこう言う。「良心」が呼びかける「責めあり」は、結局、人に、何らかの負い目があること→責任があること→「他者に対して有責であること」をほのめかすのである、と。

こうして、「良心」の分析によって、人間はその実存において、ある根本的な「非」(=不全性、欠如性)につきまとわれていることが明らかになる。この「非性」の柱は三つ。
①「現事実性」=「被投性」における「非性」。人間は自分の存在の根拠を自分でもってい

るのではなく、理由もなく存在へと投げられているということ。

②「企投」における「非性」。人間は存在可能においてさまざまな可能性をもつが、たった一つの可能性しか選べないこと。

③「頽落」における「非性」。これはもちろん非本来的にしか存在していないこと。

そういうわけで、われわれが「良心」の呼び声に耳をすまし、それをよく聞くことは、自分の固有な「責めあり」を了解することであり、すなわちそれは「良心をもとうと意志することにほかならない」［第58節］とされる。これは逆に考えると分かりやすい。わたしたちが「良心」をもとうと思うとき、じつは自分の「生」が自分自身にとってある「絶対性[1]」をもっており、したがって「本当の生を生きたい」という直観に促されているのである、と。

> 現存在自身のうちでその良心によって証しされているこの際立った本来的な開示性——最も固有な責めある存在をめがけて、黙秘したまま不安への用意をととのえて、おのれを企投すること——これを、われわれは決意性と名づける。［第60節］

これがここでの結論。「黙秘」とか「不安」とかいうのは、「良心をもとうと意志すること」は、黙って（空談しないで）、不安に耐えつつ（というのは頽落から離れて自分の存在の非性に直面することだから）なされるべきことだ、という意味である。

つねに「共存在」の原理に繫がる

「証し」、「良心」、「責めあり」、「決意性」の意味は、ほぼこんなところだ。だが、ひとつ重要な点がある。それは、この「良心」をもとうとする「決意性」は単に自分の中の〝決意〟を意味するだけでなく、むしろ本質的に「他者」をめがけるべきものだということである。

おのれ自身への決意性が現存在をはじめて次のような可能性のなかへと連れこむのである。つまり、共存在しつつある他者たちを、彼らの最も固有な存在しうることにおいて「存在」せしめ、この彼らの存在しうることを、手本を示し解放する顧慮的な気遣いのうちで共に開示するという可能性が、それである。決意した現存在は他者の「良心」となることがある。決意性の本来的な自己存在のうちから本来的な相互共存在がはじめて発現する（略）。［同前］（傍点引用者）

これは肝心なところで、ここまで遂行されてきた実存論的な「現存在分析」の核心的な結論部分でもある。

ハイデガーによれば、決意性、つまり本来的な存在可能性に対する了解（自覚）のあり方は、単に自分自身が「かく生きよう」という決意ではなく、他者というものの「真の理解」につながるものでなくてはならない。これは先に見た「先駆」でもそうだった。つまり、

「先駆」によってはじめて人間は、「他者」との本来的な共存在の可能性を持つ、とされていた。

「先駆」は「死への深い自覚」であり、「決意性」は「良心を持とうと決意すること」である。これらは共に「死の不安」への深い了解から導かれた実存の自覚と言っていいが、この実存の可能性の自覚が、自分自身の実存というより、つねに「他者」との共なる実存の可能性に結びつけられている点が重要だ。「ほんとう」の生き方への深い自覚は、個人的なものに終わらない。それは「共存在」の存在原理に繋がる、というのが、ここでのハイデガーの強調点である。

もういちど簡単に振り返ってみよう

さて、この後も相当複雑な議論が続くが、重要な点はだいたいここまでで出尽くしているので、後は大きな要点を箇条書きにしておこう。

(1)現存在の「本来性」と「全体性」が同時に明らかにされたとき、はじめて人間存在の「存在の意味」への問いがその条件を十分に得る。だから、単に「本来的な存在」の可能性としての「決意性」だけではだめで、これと、「全体的な存在」の可能性としての「先駆」が結びつけられる必要がある。ここで「先駆的決意性」という術語が登場する。

(2)「先駆的決意性」は単に「本来的」たろうとする決意ではなく、「死への自覚」において本来的存在たろうとする「決意」。それは具体的にはどういうことか。じつはハイデガーは極めて曖昧にしか言っていない。あえて代弁すると〈世俗的な気遣いを捨てて（もちろん死への気遣いも）、これこそほんとうだと思えることに向かって（状況を見出し）、他者たちと共に、実践的にガンバル〉というようなことになる。

(3)こんな言い方が象徴的。「決意性が先駆しつつ死の可能性をおのれの存在しうることのなかへと取得してしまったとき、現存在の本来的な実存は、もはや何ものによっても追い越されることはできないのである」〔第62節〕。つまり、死の不安をわがものとしてはっきりと引き受けることができれば、そこでの善きものへ向かっての決意は、もはや何ものによっても規定されたり、拘束されたりしないはずだ。そういうとき人間の実存は決定的に自分固有のものとなる――。

こうして、結論は以下になる。「先駆」と「決意性」が人間の実存の中で固く結びついたとき、はじめて、人間は「全体的かつ本来的」な実存の可能性を得る。

「死」の隠蔽や馴致

さて、「死の現存在分析」は『存在と時間』の核心思想をなす部分であり、すでに示唆したように大きな功罪がある。だから、これについてのわたしなりの考えを述べておくことにする。

まず、この「死」の考察における最大の功績は、「死」が人間に対して根本的な不安を与えており、そのことで普遍的に、死の馴致、隠蔽としての「死の救済の物語」を生み出していることを明らかにしている点にある。このことは同時に、思想としてはそのような諸々の「死の救済の物語」（宗教や近代哲学における）を禁じ手にすることをも意味する。この点は、すでにニーチェが「神の死」を自覚化し、ニヒリズム（救済のないこと）を徹底することによってのみヨーロッパのニヒリズムを超えうる、と説いたのとほぼ重なり合っていると言えよう。

ハイデガーの「死の哲学」の背景には、第一次大戦後が一種の意味喪失の時代だったという事情がある。この時代状況が、人間の「生の意味」について安易な救済の物語を不可能にしたのである。人々は（とくに青年たちは）、不安定な世界の情勢の中で、自分と社会の関係の存在意義について明確な指針をもてなかった。ハイデガーの実存論的な「死の考察」がそういう場面でもたらしたインパクトの大きさは、まず想像がつく。それは、人々の「死の不安」と「生の意味の不安」に重要な拠り所を与えたのである。

しかし、ハイデガーの「死の哲学」の意義はそのような時代的なものに限定できない。それはまず、どんな時代や文化においても人間が「死」に対して必ず不安を持ち、それを何らかの形で隠蔽したり馴致してきたこと、また、この隠蔽や飼い馴らしが、制度として労働の秩序、社会という体制といったさまざまなレベルでの共同幻想を作り出してきたことを、鮮やかに示唆しているのである。

すでにヘーゲルは『精神現象学』の中で、原始時代に主と奴隷が階級分化し、奴隷が主のために日々の労働に従事するようになるためには、奴隷が「死の不安」によって脅かされるのでなくてはならない、という見解を示していた。バタイユはこの考えをさらに展開している。

バタイユによれば、人間は「労働によって動物と一線を劃している」が、それと並行して「禁止の名の下に知られている束縛を自分に課した」(『エロティシズム』)。この禁止は、もともと死者に対する態度から現われたものであり、さまざまな聖なるものにかかわるだけでなく、とくに「性行動」にかかわる。

「禁止」によって人間社会の秩序は、大きく労働の領域とエロティシズムおよび暴力の領域に二分されることになる。人間における「禁止」は、暴力と性的な放埒の「禁止」であり、もしそれがなければ人間社会の秩序が崩壊するという意味をもっている。そして、この「禁止」は、もとをただせば「死者に対する態度」(つまり「死の不安」)に由来する——。

フーコーもまた『言葉と物』や『臨床医学の誕生』などで、「死」が人間世界の秩序に根底的な影響を与えることを示唆している。たとえば、大きな余剰価値を生み出す一日の労働とぎりぎりの賃金との間で「等価交換」を成立させるのは、フーコーによれば労働者がもつ「死の不安」である。

ヘーゲル、ハイデガー、バタイユ、フーコーなどの考察が物語るように、「死の不安」は人間社会の本質的な構成契機であって、それは労働や性の禁止や聖性や権力といった人間社会の根本契機の〝根拠〟をなしている。したがってそれはまた、富や権力や共同体やルールといった、人間のさまざまな幻想的制度（＝上部構造）一般の根拠であるとも言えるのだ。つまり、「死」は「言葉」と並んで、人間の幻想秩序における最も根源的な本質契機である。しかもそれは、人間がそれを必ず隠蔽、馴致せざるをえないということに根本的に由来するような本質契機なのである。

もし人間から「死の不安」を取り払えばどうなるか。秩序だった労働はなくなり、富の蓄積もなくなり、したがって、権力の必要性もなくなり、要するに、社会秩序というものが全般的に消失して、人間は動物的生にさし戻されることになるだろう。とりわけハイデガーの考察は、「死」が人間社会のあり方を規定している、そのような本質契機を、人間の実存の場面から見た原理論として、非常に根底的な形で基礎づけていると言えるのである。

「世界の秩序」の根本規定

しかし、一方、ハイデガーの死の考察における重大な問題点は、それが全体として人間の「生」の「本来性‐非本来性」という根本的な区別を導くための前提となっているという点だ。

人間の生は誰にとっても一度きりのものであるし、またけっして他人と取り替えのきかない「最も固有の」ものである。ふだん人間はそのことを忘れているが、「死の深い自覚」においてはじめてこれを了解する。そしてそれが、「本来的な」生き方のきっかけになるはずである。これがハイデガーの言わんとするところだ。

しかし、わたしの考えでは、むしろ逆のように思える。人間は死の観念と死の不安をもち、それはたしかに隠蔽され、馴致されている。だが、そのことは人間の文化と社会の秩序を制限しその本来性を奪っているというより、まさしくそのことが、人間の社会秩序の本質的な根拠だと考えるべきなのである。

現象学的な考察を貫くなら、「死の不安をたえず馴致しようとする心」は人間の「非本来性」の原因とは言えない。それはむしろ、人間の心性が幻想的秩序を持つこと一般の根拠なのだ。言い換えれば、まさしく死への怖れから人間は、「聖なる世界」－「現実界」－「異界」（ケガレたもの、不気味なもの、おぞましいものの世界）といった「世界の秩序」を作り上げているのである。

わたしの見るところ、どんな文化における人間にとっても、この「聖」－「俗」－「穢」という「世界の秩序」は普遍的かつ本質的である。宗教世界を自明のものとしない現代人にあっても、「聖なる領域」や「異界」は必ず存在する。それはまた、どんな人間でも内部に抱えているロマン的世界、美や超越の世界、悪やエロティシズムといった「幻想世界」の根拠でもある。その意味で、人間が「死」に対して本質的に怖れと不安を持たざるをえないような存在であることは、人間が人間的価値の世界を創り出していること自体の、根源的な根拠だと言えるのだ。

そうであるとすれば、むしろ、人間が根本的に「死の不安や怖れ」に抗えないような存在であることを前提として、そのような人間のあり方から生の「本来性」の可能性を導くという視点が、現象学的方法を一貫させる上で必要だったとわたしは思う。

まだ先がある

ともあれ、『存在と時間』にもどろう。死の分析によって、人間存在は「その本来性と全体性とにおいて」考察された。そこでいまや、「この存在者（人間存在）の存在の意味」をより深く問うことの条件がととのった、とハイデガーは言う。

「人間存在の存在の意味」とは何か。すでに見てきた「気遣い」がそれである。人間とは、つまり、自分自身に対して、「本来的かつ全体的」たろうとする本質的な「気遣い」を持つような存在だ。これがここまでの分析で明らかになったいちばんの核心点である。そこで、ではこの「気遣い」なるものの深い本質をさらに探究しよう、そう言うのである。

ここで、いいかげん疲れるぜと思う人は、まず普通のバランス感覚をもった人。ひぇー、まだ先があるなんてすごく面白そう、と思える人は、そうとう哲学の病の深い人だと言える。

3　時間とは何か

本来性や全体性をめがけるように生きうる「自由」

ここでの論述の柱は三つある。

①人間の〝ほんとうの生き方〟、つまり「現存在の本来的な全体存在」の哲学的な仕上げ。「先駆」と「決意性」の結びつきの必然性を確かめること。

②「気遣いの存在論的な意味は何か」という問いに答えること。その答えは「時間性」。ここが最も重要。ハイデガーの実存論的時間論が展開されている。

③第三は、通俗的な（ごくふつうの）「時間」の概念を、実存論的な時間概念として理解しなおすこと。

①からはじめよう。

ハイデガーはこんな問いを立てる。「先駆的決意性」という概念を見てきたが、この場合「決意」（良心を持とうと意識すること）と「先駆」（死を自分のものとして自覚すること）の結びつきは、はたしてどの程度必然的なものか、と。

ここでハイデガーはかなり複雑な議論を行っているが、全体から言うとそれほど重要性はない。さしあたり、彼の言い分を要約するとこうなる。

人間が「良心を持とうとすること」の本来性は、彼が自分の存在全体を「責めあり」としてふかく了解することにおいて現われる。良心をときどき持とうとしてもあまり意味がない。自己の「責めあり」をいわば「死にいたる病」として把握してはじめて、「良心を持つこと」の本来のあり方が現われる――。

人間存在は、自分自身の存在のありようを了解しつつ生きるような存在である。だから、それは自分の生き方に対して、本来性とか、全体性（あるいは完全性、絶対性）をめがけるように生きうるという「自由」に、つきまとわれていることになる。そのことによって人間は不断に、「このようにも生きうるのに」を、自分の存在了解として抱え込む。それが「責めあり」なのである。

このような、自分の存在のありようの「本来」や「全体」や「完全」や「絶対」を問題にしつつ生きうることが人間存在の本性だから、その本来あるべき姿は当然、このことのもっとも深い了解と、そこから現われる、もっともあるべき姿で生きようという決意である、ということになる。

要するに、ハイデガーは、人間の「ほんとう」を、人間存在の本質としての「気遣い」→「自分自身の存在仕方への関心と了解」→「自由」→「責めあり」→「選択」→「ほんとう（本来性）」といった観念の系列において、自分の結論をたくみに導き出していると言える。

こうして、「だからこそ決意性は、先駆的決意性としてはじめて、現存在の最も固有な存在しうることへとかかわる根源的な存在となる」［第62節］――。

「時間性」という観点

②つぎにハイデガーは、「気遣いの存在論的な意味は何か」と問う。

われわれは現存在の「存在」（＝本質）を「気遣い」として明らかにしてきた。では問いを一歩進めて、この「気遣い」は、一体、何を根拠として可能となっているのか、と問うてみよう、と。これが「気遣い」の「意味」を問うということの内実だ。

さて、現存在は、すべての他の存在と違って「不断の自己の自立性」（＝自己が自己であることの持続性）をもつ。つまり、「自我」というものをもつ。だからこそ「自己自身への気遣い」が可能になっている。これは、従来は、コギト（デカルト）とか、純粋統覚（カント）とか、自己意識（ヘーゲル）といった仕方で考えられていたが、「自己の自己性」ということもまた、「存在」とおなじくそれほど自明ではない。

そこで人間の自己が「不断の自立性」をもち、したがって「気遣い」が可能になっている、その根本的な「意味」を探究すべきだが、なにより肝心なのは、これを「時間」という観点において考えることである――。

こうして、「気遣い」の存在論的な「意味」は「時間性」という観点で探究されることになるのだが、ここで、あらかじめ注意しておくべきことがある。

現象的に根源的には、時間性は、現存在の本来的な全体存在に即して、つまり、先駆的決意性という現象に即して経験されるのである。〔第61節〕

むしろわれわれの根本的探究は、時間性という根源的現象に親しむことを先行させなければならないのであって、こうしてはじめて、この根源的現象にもとづいて、通俗的な時間了解内容の根源の必然性と様式とが、同じくまた通俗的な時間了解内容の支配の根拠が明らかにされるのである。〔同前〕

この二つの引用文でハイデガーはこう言っている。人間は「先駆的な決意」を持つときにこそ「根源的な時間性」なるものを経験する。そして、この「根源的な時間性」の本質を理解してはじめて、通俗的（ふつうの）時間概念が何であるか、またなぜそれが一般に流通しているのかの理由もはっきりする、と。

だから、ここでのポイントは二つ。一つは、「根源的な時間性」なる概念をつかむこと。また、そこから通俗的時間概念のありかたを理解すること。もう一つは、そのことによって、人間の「自己」を支える「気遣い」の「意味」を解明すること。そういう前提のもとで、ここから、ハイデガーによる「実存論的時間論」が展開されることになる。

序章で述べたように、このハイデガーの「実存論的時間論」は、なんといっても「現」や「死」の分析と並んで『存在と時間』の白眉をなす。ここはよく理解できるとそうとう面白いところだ。

「もの」としての時間

さて、はじめに「根源的な時間性」なるものを理解しなくてはならないのだが、そのためにまず、ハイデガーの言う「通俗的時間概念」というのが何であるかを解説しよう。

通俗的時間概念とは、要するに、わたしたちがごく普通に表象している「時間」のイメージのことである。一番代表的なのは、「紐」あるいは「羊羹」のイメージ。もう少し高度なのが「川の流れ」。これがふつう人間が誰でも持っているような通俗的な時間表象にほかならない。

この通俗的時間表象は、時間というものをいわば「客観化」している。つまり何か実体的な「もの」として見る（だから、たとえば木村敏は、時間はむしろ「こと」と見るべきだと主張する）。時間を客観化してみると、とても具合の悪いことが出てくる。その一番典型的な例はつぎのような話だ。

時間を一本の「紐」（あるいは羊羹）のようなものと考える。紐を真ん中からハサミでちょん切ってみる。すると時間は、左の紐（過去）と右の紐（未来）に分けられて、人間がその中を生き生きと生きている豊かな「現在」というものは、単なる切断面となって〝消え失せ〟てしまう。これが時間を客観化することによって出てくる奇妙な謎である。

ついでに言うと、空間を客観化することで出てくる謎が、あの「主観－客観」の一致の不可能性という謎だ。これらの謎は、「世界」というものが根源的に実存として生きられているのに、普段はそれが共同化され、客観化されて表象されていることからくる謎なのである。言い換えればそれは、実存としての「世界」と客観としての「世界」のネジレに由来する謎にほかならない。

ハイデガーがここで試みているのは、そのような意味において、「客観化された時間概念」をその本源である「実存としての時間」から理解しなおす作業である。つまり、「根源的な時間性」という言葉は、さしあたり「個々の人間にとってそのつど生きられているものとしての、実存としての時間」と理解しておけば、以後の議論はそうむずかしくないと思う。

錯綜した議論

しかしハイデガーの議論はそうとう錯綜していて、ひとつずつ説明していくと混乱するので、思い切って分かりやすくマニュアル化してみる。次の表を見て欲しい。

前にハイデガーは、日常世界の「事物」や空間における「距離」を、実存論的に、「道具存在」とか「遠ざかりの奪取」と言い換えていた。ここでも基本的には同じ作業を行っているのである。つまり、通俗的な（客観主義的な）時間概念としての「過去」、「現在」、「未来」は、それぞれ実存論的な時間概念として、「既在」、「現在（現成化）」、「到来」と呼び換えられる。

ハイデガーの時間性の図

通俗的時間概念	過去	現在	未来
実存論的時間概念	既在	現在（現成化）	到来

ただ、ひとつ注意しておく必要があるのは、ハイデガーのここでの記述は、彼の言う〝人間の「本来的な実存」としての時間性〟をモデルにしているために、ひどく分かりにくくなっているということだ。しかし、とりあえず見ていこう。

①「到来〔未来〕」（〔　〕内は対応する客観的時間概念）

さきに見たように、ハイデガーによると、根源的な時間性は、「先駆的な決意性」という人間の本来的な存在仕方において現われるものだった。そこで、彼は「到来」を「先駆的な決意性」という現象から、こう説明する。

「先駆的決意性」とは、「最も固有な際立った存在しうることへとかかわる存在のこと」である。そこでつまり、「あの際立った可能性を持ちこたえつつ、そうした可能性のうちでおのれをおのれへと到来させることが、何かへの到来という根源的な現象なのである」と。つまり、人間が自分の「ほんとう」を自覚し、そのような自分の「ありうる」をめがけて生きること、これが「到来」の基本形だとされる。

だから「到来〔未来〕」とは、「まだ現実（今）になっていないが、やがて現実となるだろう先の時間のある一点」ではない。この言い方は通俗的時間の概念。実存論的な観点ではそれは、「人間が自分の本来的なあり方を自覚し、それをめがけて生きる可能性があるということ」なのである。

②「既在〔過去〕」

これも見たように、「先駆的決意性」とは、自分の「責めあり」を自分に深く引き受けることを意味していた。この「引き受け」を、人間存在は「既在しつつ存在している」と言うことができる。言い換えると、「既在」とは、自分の「責めあり」としての存在を深く了解し、引き受ける可能性のことである。だから「既在〔過去〕」とは、過ぎ去ったある時点のことではなく、自分がこれまでどういう存在だったかについての了解と引き受けを意味する。

③「現在（現成化）〔現在〕」

右の①、②で明らかになったのは、人間存在とは、実存的には、自分の「責めあり」を深く了解しつつ、そこから自己の本来的な「ありうる」をめがけて生きるような存在、また本質的にそのような可能性をもつ存在だということだ。そこで、人間がこのように「自分を了解しつつ新たなありうるをめがけて」、〝いま、ここ〟に存在することに応じてはじめて、事物や事象も、さまざまな意味や価値をもったものとして（「……のために」や「……として」という形で）存在することになる。

このように人間の「現」が諸事物を配視的、配慮的に「出会わせる」ことを、ハイデガーは「現成化〈現在〉」と呼ぶのである。

さて、先に述べたように、ここでの「客観的時間概念」から「実存的時間概念」への編みなおしは、本来的実存なるものをモデルにしているので、極めて錯綜したものになっている。ちなみにハイデガーの言う「本来的実存」を仮に取り外してみると、とても明快になることが分かる。ためしに試みてみよう。

①「到来〈未来〉」とは何か。——時間の紐の先にある任意の一点ではなくて、人間がつねに何らかの可能性、目標をめがけて実存していることに由来する、世界の目的論的な秩序のあり方。

②「既在〈過去〉」とは何か。——過ぎ去ったある時点のことではない。つねに可能性や目標をめがける人間の実存は一方で、必ず「自分の何であったか」という表象を起点とすることで可能になっている。つまり、「かくあった」という規定によってはじめて、「かくありうる」が現われる。

③「現在〈現成化〉」とは何か。——人間の実存性とは、根源的に「自分の何であったか」から「自分の何でありうるか」へのたえざる投げかけとして「存在」するが、このふたつの了解が出会って自己と世界との「意味連関」がたえず生成されるその現場が「現在〈現在〉」である。これはたとえば、いきいきとしゃべりつづけるためには、「これまで何を話してきたか」(既在)と「これから何を話そうとしているか」(到来)についてては

っきりした了解をもちつづけていなくてはいけない、と考えればよく分かると思う。

それは時熟するのである

ともあれこうして、「過去－現在－未来」という通俗的時間概念を実存論的に編み換えると、「既在－現在（現成化）－到来」という概念になる。ハイデガーの言い方では、「時間」とは存在者ではない。つまり客観的な事物ではない。それは紐や羊羹のようなものではない。また〝流れ〟のようなものだとも言えない。それはただ「時熟する（sich zeitigen）」のである。

「時熟する」といった難しそうな術語を見ると、そこに難解高尚な思想を読みたくなるのが人情だが、これは単に、「時間」は事物として（あるいは流れとして）存在すると言ってはいけない、ということにすぎない。言葉がないので、「時熟する」、おのずから時が生成される、という感じで把握せよ、ということである。

さて、つぎにハイデガーは、こうして取り出した実存論的な時間概念を「本来的」なものと「非本来的」なものに区分し、それぞれに術語を与える。本来的な到来は「先駆」、非本来的到来は「予期」と呼ばれる。本来的な既在は「取り返し」、非本来的なそれは「忘却性」、そして「現在」もそれぞれ「瞬視」と「現成化」と呼ばれる。そこで、全体の図式としては次の表のようになる。

ひとことコメントすれば、ここでのハイデガーの「実存論的時間論」は、たとえば前半の

通俗的時間概念	実存論的時間概念	本来的	非本来的
未来	到来	先駆	予期
現在	現在（現成化）	瞬視	現成化
過去	既在	取り返し	忘却性

「世界の世界性」や「内存在」の分析が深い驚きを与えるのに較べると、非常に錯綜している割に論理的な強度が感じられない。その理由はやはり、実存論的な時間論にあの「本来性－非本来性」という図式をかなり強引に組み込もうとしている点にあると思える。

少し解説してみよう。わたしの考えでは、実存的な時間と客観的な時間の違い（ズレ）を象徴するものの典型が二つある。一つは人間が「死」に直面したときで、たとえばドストエフスキーの『白痴』における死病に冒された青年、イッポリートの独白などがこれをよく表している。

もう一つは、絶対的な恋愛の時間におけるそれで、たとえばスタンダールの『赤と黒』やコンスタンの『アドルフ』などの絶対恋愛を描いた小説では、ひとつの瞬間が過去の時間の一切を照らすものになったり、「永遠」に匹敵するものになったりする。

要するに、客観的な時間は、秒、分、時、日、月、年という単位で均質に刻まれた、時間の客観的な「長さ」をその本質としているが、実存論的時間は、個々の人間の「生」における重大な意味の結節点がその展開の基軸をなす、という構造を持っているのだ。そしてこのことが、ハイデガーをして「本来的実存」を「根源的時間性」のモデルとさせた根本の理由なのである。

だがハイデガーの言い方では、裏を返せば、人間はそのような重大な（あるいは特権的な）意味の場面を生きていないときには、「非本来的」に生きているのだ、ということになる。たしかに恋愛や死をめぐる一種特権的な時間において、人間は自分の生の「絶対性」や「ほんとう」を直観することがある。しかしそのことは、日常の時間における人間の生は「ほんとう」ではないということにただちにはつながらないのである。

もう一度振り返ってみる

さて、ここでハイデガーが行っているもう一つの作業は、いま見たような実存論的な時間の考え方から、はじめに行った人間の「内存在」のあり方、「了解」、「情状性」、「語り」、「頽落」等々を、もう一度捉えなおすことである。つまりこれは、これまで「内存在」と「気遣い」の術語で表現していたものを、もっと深く実存論的な時間性の構造として捉えなおすことを意味する。

たとえば、「了解」は「到来」に（第一次的に）もとづく、「情状性」は「既在」にもとづく、「不安」も同じ。「頽落」、「好奇心」は「現在」にもとづく、等々といった具合である。しかし、これもさほど重要性をもたないので、ここではくわしく扱わない。「死の現存在分析」に続くハイデガーの「実存論的時間論」は、ほぼこれで終わり。しかし、ここは思想的に重要な問題を含んでいるので、これまでの成り行きをもう一度振り返ってみよう。

人間の「存在」の本質は何かとたずねて、ハイデガーはこう答えた。それは自己自身の「存在」に対する「気遣い」である、と。「気遣い」は「被投性」、「企投」、「頽落」と整理された。ここからハイデガーはもう一歩踏み込もうとする。つまり彼は、「気遣いを可能にするものは何か」という問いを立てた。それがこの実存論的時間論のモチーフである。ハイデガーはこう書いている。

> 気遣いの「意味」に対する問いでもって問われているのは、次のことである、すなわち、気遣いの分節された構造全体の全体性を、その開展された分節の統一において可能化しているのは何であるのかということ、これである。［第65節］
>
> すなわち気遣いの意味は、気遣いをその構成において可能化するものであって、存在しうることの存在を根源的に形成する。［同前］

いわば実存の「実存性」の本質は、「気遣い」（被投性、企投、頽落という構造）として了解できる。では一体何がこの実存の〝構造〟を可能にしているのか。これがハイデガーの問い方だ。そして、ハイデガーがこれに対して与えた「答え」は、「時間性」（「時間」ではない）だった。

この、あることがらを〝可能にするもの〟（根拠づけるもの、規定するもの）は何かという仕方でつねに問題を掘り進める方法は、ハイデガーにあって大変特徴的である。彼はまず、「物」の存在を規定するものは人間存在である、と言い、人間の「存在」を根拠づけているのは「気遣い」である、と言い、さらにまた、「気遣い」を可能にしているものは「時間性」だと言う。そしてさらに、この「時間性」を可能にしているものは何か、と問うて、「時間性」は根源的な「おのれの外へと脱け出ている脱自」それ自体である、と答える。この「脱自」というのは「自由」とほとんど変わらないのだが、すると彼の問いは、一種循環論証的なものになっていくのである。

循環論証はけっして必然的なものではない

ハイデガーはその点を自覚していて、この「循環論証」についてこう述べている。存在一般の理念は現存在の存在了解内容から仕上げられるべきである。ところがまた、存在了解内容は、存在理念の学的解釈なしには捉えられない。ここから、実存論的分析論では証明における「循環」は原理的に避けられない。しかも、この証明は「悟性的」なものでなく、したがって、数学のような演繹的な証明ではありえない。だから、結局「実存論的な証明は、企投しつつ論証するということにならざるをえない」。

つまり、「人間が何であるか」の分析は、それ自体が人間の了解行為であり、その意味でひとつの企投である。だから、分析する人間の「……でありうる」という観点から人間存在の「何であるか」が明るみに出されるという性格を持っている。したがって、人間存在の分析における「循環論証」は矛盾ではなく本質的なものだ、と言うのである。

ところが、わたしの考えを言うと、現象学的な方法を貫くかぎり、このような循環論証はけっして必然的なものではない。むしろ現象学では、あることがらの可能関係、根拠関係を徹底して掘り進めていって、それ以上遡行しえない点、それ以上遡行することが無意味であり、またあえて遡行するなら「物語（＝オトギ話）」としてしか成立しない点を確定することが、重要な課題だからである。

このことは、そもそも現象学が「確信成立の条件を確かめる」という方法を基礎としていることからきている。たとえば、いま目の前にコップに入ったコーヒーがある。その存在を疑うわけではないが、あえてこの自然な確信がどういう条件によって成立しているのかを追いつめてみる。現象学は内省によって、その確信を支えるいわば最後の底板を見出すことを目標とするのである。

この最後の底板とは、それについては誰も疑うことができず、また疑うことに意味のないような与件（与えられたもの）のことだ。たとえば、いま目の前にあるコーヒーはたしかに色あいから見てコーヒーに違いないと思えるが、飲んでみるとコーヒーそっくりの色の付いたお湯だった、ということがありうる。同様に、色も匂いもコーヒーそっくりでてっきりコーヒーだと思ったのに、飲んでみたら違っていた、ということもありうる。さらに、色や香りどころか味までコーヒーそのままなのに、じつはそれは化学合成されたコーヒーのまがいものだった、ということさえありうる。

ところで、こういう場合、現象学の考察はつぎのように言う。いま目の前にあるコハク色の液体を飲んでみて、その色、香り、味が普段飲んでいるコーヒーと同じものだとしても、それがたしかに「コーヒー」であるかどうかについては原理的に可疑性が残る。この場合の、それが「コーヒー」であるかどうかという項目を、現象学では「超越」と呼ぶ。

しかし、この液体がほんとうに「コーヒー」であるかどうかについて原理的に可疑性が残るとしても、自分が飲んでみて、たしかに普段飲んでいるコーヒーの味がしたということ、この点については、逆に原理的に疑いうる余地がない。つまり、それがほんとうにコーヒーかどうかについては、じつは精巧なまがいものだったという可能性を排除できないが、たしかにコーヒーの味だったというその感覚自体を疑うことはできないからである。こちらの項目を現象学では「内在」と呼ぶ（この感覚を「内在知覚」とも呼ぶ）。

見たように、いま飲んでいるコーヒーがひょっとしたら精巧なまがいものかもしれないという可能性は、絶対的には排除できない。しかし飲んでみてたしかにおいしい味がしたということ自体（＝「内在知覚」）は、これをけっして疑うことができないし、それを疑うことにはもはや意味がない。

というのは、もし自分の「内在知覚」までが疑わしいということになれば、もはや人間にとって日常世界のどんなものも「たしかなもの」でなくなってしまうからである。逆に言えば、人間は誰でも、自分の感覚としてけっしてそれを疑わない底板をもっていて、だからこそ、自然に「現実」が何であるかを暗黙のうちに知っているのだ。現象学は、そのような発想で、〝それ以上遡行することが無意味であるような確信の底板〟を取り出すのである。

しかし注意すべきは、この「最後の底板」は、何ら形而上学的な「根拠」や「起源」や「原理」を意味しないということだ。というのは、それは誰もがそのようなものとして確かめうるような「事実」にすぎないからだ。それは何ら神秘的な「超越者」でもないし、根源的な力でもない。

無限に引き延ばされる問い

さて、現象学のこのような方法を一貫させれば、人間存在の「存在」が何であるか、という問いは、人間存在をそのようなものたらしめている、それ以上遡行できない与件は何か、という課題になる。どんな「オトギ話」も使わないとは、「存在」を可能にし、支えているものを、けっして「物語」として語らないということだからである。そして、そのような観点から言うと、ハイデガーは「気遣い」の分析においては、見事にその課題を果たしているように見える。

しかし、わたしの見るところ、『存在と時間』における人間存在の実存論的分析が、全体として「循環論証」になっている根本の理由は、おそらくそこに「本来的－非本来的」という形而上学的区分が持ち込まれているからなのである。人間の「ほんとう」が何であるかは、さまざまなレベルで人々が「ほんとう」という確信を生み出す、その心の条件を問いつめることで得られるのであって、人間の「ほんとう」はこのようなものでなければならないという企投を持ち込むことによっては得られない。わたしたちは、この問題を後期ハイデガーにおいて、もっとはっきりした形で見ることになるだろう。

4　歴史とは何か

〝終わり〟と〝始まり〟

ここでの力点は二つ。一つは、人間存在の「全体性」という概念をもう一度確かめなおし、人間がその「全体性」をまっとうするには、「死」という〝終わり〟だけでなく「歴史性」という〝始まり〟をも実存の可能性に組み入れるべきことが説かれる。もう一つは、通俗的な時間概念（客観的時間概念）の存在根拠をさらにくわしく確かめることである。だが、第一のことが決定的に重要なので、ここでは第二の点は省くことにする。

まずハイデガーはこう言う。われわれはここまで、「時間性」が気遣いの根源的な条件であることを明らかにしてきた（「時間性が気遣いの条件」という言い方には、つまり、死へとかかわる存在であることが、人間をして、自分の本来の可能性へと気遣わせる、というニュアンスがふくまれている）。それは人間の全体存在の可能性にかかわるが、しかし、ここでひとつ問題が出てくる。それは、われわれは「終わり」としての「死」については考えたが、時間性のもう一つの極である「始まり」についてはまだ考えていないということだ、と。

「始まり」とはもちろん「生誕」である。人間は「生誕と死」の間の全体において、生の全体性を思い描くことができる。ふつう人はこの「生誕」と「死」にはさまれて、いわばこの両極点の中に（間に）人間が存在している、という客観主義的なイメージで「生の全体性」なるものを捉えている。だが、これは違う。人間は「生誕と死」に〝はさまれて〟その時間の内に存在しているのではなくて、むしろ、おのれ自身をこの「間」として「伸び拡げる」という仕方で存在している。そうハイデガーは言う。

> 伸び拡げられつつおのれを伸び拡げるという種別的な動性を、われわれは現存在の生起と名づける。［第72節］

この「生起」という術語が、ここでのポイントである。これは、「人間がある限定された時間の中を生きている（存在する）」という客観的な見方を、例によって、存在論的、実存論的に言い換えたものだ。ひらたく言うと、「人間は一定の時間の中を生きている」というのではなくて、いわば「自らを時間化しつつ存在するような存在である」ということ。言い換えれば、〈人間は自分の生誕と死なるものを意識し、そのことで自らに対する独自の「気遣い」を持ち、またそのことによって、生を、独自の仕方で、つまり〝時間的〟、〝歴史的〟なものとして存在させている〉ということになる。

人間と「歴史性」

ともあれ、ハイデガーの主張はこうなる。人間は「歴史」の中にあるのではなくて、「歴史」というものを作り出さずにはいないような存在である、と。そこからこういう問いが提示される。

> 「現存在は歴史的に存在する」というテーゼは、（略）次のような問題を提起しているのである、すなわち、「歴史的」主体の主体性に本質機構として歴史性が属しているのは、どの程度までであり、またどのような存在論的な諸条件を根拠としてであるのかという問題が、これである。［第73節］

つまり、人間と「歴史」とは本質的にどのようなかかわりをもつのか、ということ。あるいは、人間はその本質から言って、歴史とかかわるどのような根拠をもっているのか、ということである。

ハイデガーはつぎのように言う。

見てきたことから、人間と「歴史性」の本質的関係の考察こそが、「時間性」の分析のより深い「仕上げ」となるはずだ。ところで、時間性の本質は、人間の「先駆的決意性」において露呈された。「先駆的決意性」において人は、自分の存在をその全体存在として深く引き受けるべきだということを了解する。そして、この引き受けはまた具体的な「状況」へと向かう決意を意味していた。

しかし問題なのは、人間は「終わり」としての「死」それ自体からは、その具体的な諸可能性を取り出すことができないという点だ。この具体性は、むしろ「始まり」の方から取り出すことができるのではなかろうか、と。そして、つぎのように書く。

> 決意性のうちで現存在はおのれ自身のほうへと復帰するのだが、そうした決意性は、本来的実存のそのときどきの現事実的な諸可能性を、決意性が被投的決意性として引き受けている遺産のうちから、開示する。（略）すべての「善きもの」は相続財産であり、また「善さ」という性格は本来的実存を可能化することのうちにひそんでいるとすれば、決意性においてそのつど或る遺産の伝承が構成される。いっそう本来的に現存在が決意すればするほど、言いかえれば、死への先駆におけるおのれの最も固有な際立った可能性のうちから曖昧さなしにおのれを了解すればするほど、おのれの実存の可能性を選びつつ見いだすことは、ますます一義的に、また非偶然的になる。［第74節］

人間が自分の本来的な可能性を深く自覚することは、ある決意や覚悟に向かうことでもある。しかしそれは、単に想念の中で「死」へ先駆するということではなく、何か具体的な「善きもの」に向かうというかたちをとる。だが、大事なのは、この「善きもの」は、自分がそこに投げ入れられていた社会や歴史へとかかわる、ある状況への具体的行為としてしか現われないということである。

つまり、人間存在の本来的な可能性は、ある何らかの善き「遺産」を「伝承」しようとする心意としてはじめて具体的なものでありうる。もしも自分のなすべきことがそのようなかたちでつかみとられたなら、人間にとって何をなすべきかは、ますます「非偶然的」（必然的）なものになる。そうハイデガーは言う。

宿命

さらにここから、「宿命（Schicksal）」、「運命（Geschick）」、「共生起」、「本来的歴史性」といった重要な術語が出てくる。

> 実存のこのつかみとられた有限性は、愉楽や軽率や回避などという、最も身近に押しよせてくる諸可能性の限りない多様性から現存在を引きもどして、現存在をその宿命の単純さのなかへと連れこむ。宿命ということでわれわれが表示するのは、本来的な決意性のうちにひそんでいる現存在の根源的な生起のことなのであって、このような生起のうちで現存在は、死に向かって自由でありつつ、相続されたものであるにもかかわらず選びとられた可能性において、おのれをおのれ自身に伝承するのである。〔同前〕

宿命的な現存在は、世界内存在として、本質上他者と共なる共存在において実存するかぎり、そうした現存在の生起は、共生起[2]であって、運命として規定されている。この運命でもってわれわれが表示するのは、共同体の、民族の生起なのである。運命が個々の宿命から合成されないのは、相互共存在が、幾人かの主体がいっしょになって出来したものだと解されえないのと、同様である。〔同前〕

われわれが、これまで、先駆的決意性のうちにひそんでいる生起に適合させて歴史性として特色づけてきたものを、われわれは現存在の本来的歴史性と名づける。〔同前〕

要するに、こう言っている。「宿命」とは、人間が自分の本来の存在可能性を、その具体的な目標として見出すことだ。そして「運命」とは、それを「自分の目標」としてではなく、「われわれの目標」として見出すことである。したがって、この目標は「共同体」や「民族」のそれと重なるものとなるはずだ、ということになる。

さて、これでハイデガーの現存在分析の全体像、人間にとっての本来的、全体的存在可能性は何かという問い、言いかえれば、人間にとって「ほんとうの生き方とは何か」という問いとその答えの全容が、ほぼ出そろったことになる（この後、本来的でない歴史性および時間性の分析が付け加えられて、『存在と時間』はその幕を閉じる）。

哲学の思考の完全な敗北

「先駆的決意性」という概念でハイデガーは、人間のあり方の「ほんとう」をいわば粗削りし、つぎに「本来的歴史性」という概念によって、これに最終仕上げを施した。すなわち、「先駆的決意性」とは、死の不安によって脅かされず、人間の「ほんとう」をめがけて生きようと決意すること。そして「本来的歴史性」とは、自分の属する時代、共同体、民族から「善きもの」の具体性を受け取り、その具体的な目標をめがけて生きようと決意することにほかならない。

これが実存哲学としての『存在と時間』における最後の結論だが、すでに示唆してきたように魅力とともに問題点も大きい。すでに明らかだと思うが、ハイデガーの最大の狙いは、まず人間が本質的に「共存在」であることを基礎づけ、つぎに人間が実存の〝本来性〟に目覚めるなら、「他者たち」との真の「共存在」を生きうるという可能性を定位することだった。

だが、ハイデガーは、「他者との真の共存在」の内実を、共同体、民族の遺産、民族への共生起として描き出す。ところが、その共存在の単位がなぜ民族であって、それを超えた単位、あるいはそれ以下の単位でないのか、またなぜある特定の共同体に限定されるのかは、ハイデガーのそれまでの論理からは、けっして必然的に導かれないような結論だと言うほかない。ハイデガーもその理由についてまったく論及していないし、おそらく、整合的な答えはまず望みえないと思う。

つまり、もしあらかじめこのような結論に結びつけられるべく、実存哲学の基礎づけが行われていたのだとすれば、それはハイデガーにおいて、偏狭な政治的信条に哲学の思考が敗北したことを意味しないだろうか。

ハイデガーの実存思想は、一面ではたしかにつぎのような可能性をもたらす。無意識のうちに「死の不安」に脅かされている人間が、つねに自己保存や自己権力の拡大を〝気遣わ〟ざるをえないこと。世俗的な富や権力、名声への欲望は、いわば「死の不安」の反転したものであること。また、これらを自覚したとき、いわばいつでもそのような世俗の「自己中心性」のゲームを降りて、他の生き方を求めうる可能性があること。こういったことをハイデガーの哲学はわたしたちに教える。さらにまた、自分の生の一回性、交換不可能性を深く自覚することで、ひとが「世間」の基準によってのみ自己のあり方を了解することから解放される可能性があることも教えてくれる。

しかし、もう一方で、ハイデガーの思想は、あの「世界は矛盾に満ちている、したがって、この世界（世俗の世界）はうその、虚偽の、間違った世界にすぎない」という倒錯した推論に人々を導く可能性がある。またそれは、「共同体」や「民族の歴史」という超越項によって「死の不安」を吸収するような可能性を持っている。そして、ファシズムへの熱狂は、そのような二つの要素が結びつくときに大きな条件を得ると言わねばならない。

『存在と時間』まとめ

さて、わたしたちはここで『存在と時間』との長い旅を終えるが、最後に、この問題的著作について、わたしなりのまとめを記しておきたい。

『存在と時間』の画期性は、まず何より、実存論哲学の方法的基礎をまったく独創的な仕方で定位したことだと言える。その要点は二つある。一つは、現象学の方法をその基礎としたこと（物語や科学的、実証的知見を徹底的に排して、自分自身が自らの内で生じる意味の生起を見るという方法）。もう一つは、平均的な人間の存在了解内容をその探究領域として設定したことである。

実存論哲学のモチーフの核心は、単に「存在」とは何かを探究すること（存在論）それ自体ではない。これを通して、人間における「ほんとう」や「よい」の意味本質を探究することにある。また、道徳哲学や、精神の哲学とは違った仕方で、この探究を行うのだ。言い換えると、公共性としての「ほんとう」や「よい」ではなく、各人が自身の問題として抱えるものとしての「ほんとう」や「よい」の本質を捉えること、個々の実存の「固有性」や「絶対性」という場面から、「他者」との関係原理の哲学としてそれを導くことが重要なのである。実存論哲学のそのような課題をハイデガーははっきりと自覚していたように思う。

もう一つ重要なのは、人間の存在本質は、他者との関係原理を介してさえ、結局、彼自身の存在了解に規定される、という原則をハイデガーが堅持していることだ。じつはこのことによって、彼は、現象学の方法の核心を受け継ぎ、また実存思想が道徳思想や倫理思想に落ち込むことを防いでいるのである。

たいていの道徳思想や倫理思想は、「自己」という中心点を「他者」の方に移すことによって成立する。そのことでそれらは、公共的、一般的な（＝つまり誰でもがそれを善として主張できるような）「ほんとう」や「よい」についての命令や要請を作り出すが、しかし実存思想としては死ぬのである。

ともあれ、ハイデガーは、実存思想と、生の苦悩に「意味」を与える救済の思想および社会批判を緊密に結びつけることで、二〇世紀はじめのヨーロッパに強烈な影響を与える思想を生み出した。だが、それは、思想として、非常に両義的な問題点を抱えていたというほかない。それは、一方で人々に大きな希望を与えたが、また一方で政治的な「超越」を作り出してそれに実存を投げ込もうとする人々の衝動を、うまく殺すことができなかったのである。しかし、これらの問題点については後にもう一度まとめて考えることにしたい。

注

（1）「絶対性」↓ 自分の生が誰とも交換できないこと、たった一回きりのものであること。このことが誰にとっても、大なり小なり生の「絶対性」の感覚をもたらしている、と考えればいい。

（2）「共生起」↓ 「生起」（＝人間が歴史化する存在であること）と「共生起」との関係は、「内存在」（＝人間が事物存在ではなく実存する存在であること）と「共存在」（＝他者とともにある実存）の関係とパラレルである。

第四章　「存在」の探究――後期ハイデガー

1　後期ハイデガーを読むために

秘教的な教義

『存在と時間』の正式な刊行は一九二七年だが、その後ハイデガーは、一九二九年に『カントと形而上学の問題』、『根拠の本質について』、『形而上学とは何か』を出し、三〇年には「真理の本質について」の講演を行う。ここにいわゆる「転回《ケーレ》」がはじまる。(1)

この転回が、ごく大づかみに言って「実存思想」から「存在思想」への転回であることは、多くの論者の一致するところだ。また、この転回以後、ハイデガーの思想はきわめて難解晦渋なものになっていく。そしてそのせいで、後期ハイデガーの思想は深遠、高尚、難解な哲学の代名詞のような存在になっているのである。

たとえば『ハイデッガーの存在思想』で渡辺二郎は、それを一種の「内的な崩壊現象」と呼んでいる。つまり、一九二九年頃のハイデガー思想は、前期実存思想から存在思想への

「移行的性格を宿していて」、そのためにハイデガー自身も思索に苦しみ、「中間性、曖昧性を、常に孕んでおり、多分に不明確なもの」を抱え込むことになった、と（『ハイデッガーの存在思想』勁草書房、一九六二年、四―五頁）。

前期の実存思想の方はある意味で明快である。存在者の「存在」は人間存在が規定しているのだから、まず人間存在の「存在」を探究すべきである。人間存在の「存在」、つまり「実存」の本質は「気遣い」として捉えられ、それはまた時間性として深化される。人間は自らを時間化する存在だが、そこに生の本来的なそれと、非本来的なそれという区分が成立する。また、本来的な実存は、「他者」たちとの本来的な共存在をその具体的内容とする――。

ところが、後期ハイデガーでは、「存在」についてのこのニュアンスが重要な点で変更される。「存在」は存在了解に支えられるというより、むしろ「存在」それ自身が人間の「存在了解」を可能にしているというニュアンスへと置き換えられる。そしてこの「存在」が、「無」、「空け開け」、「明るみ」、「光」といった、非常に謎めいた術語によって語られるのが大きな特徴である。また、この難解、晦渋、謎めきによって、さまざまな賛否両論が現われることになる。

たとえばジョージ・スタイナーはこう書いている。

われわれは通りの向うにある建物を見ている。その大きさ、構造上の特徴、容量などの細目をしらべる。いたるところにわれわれは存在するものを見出す。けれども、どこにその存在はあるか、とハイデガーは問う。「というのは、結局のところ、それは存在しているのであるから。建物はある。もしこの存在するものになにかが属しているとすれば、それはその存在である。しかし、われわれはこの存在をその中に見出しはしない。」経験論者や実証主義者は、ハイデガーはまったく空疎な問いを立てているのだと言うであろう。ハイデガーは言葉の上だけで、そうした要請がなんらか検証しうる内容をもちうるという証拠を示すことなしに、「存在」を要請しているのだ、と。(『ハイデガー』生松敬三訳、岩波現代選書、一九八〇年、五九頁)

スタイナーはそれでもハイデガーに対してまだ好意的である。スタイナーは、その「存在」についての秘教的な教義が「捕捉しがたい循環論法によってしか表現されない」ため、明快な理解を引き出すこと自体を拒んでいることなどを指摘しているが、一方で多くの読者を強烈に引きつけるハイデガーの存在思索の魅力を認めざるをえないとする。

後期ハイデガーについてのさまざまな異論

しかし、カール・レーヴィット、テオドール・アドルノ、ユルゲン・ハーバーマスなどはずっと批判的である。たとえばレーヴィットは、後期のハイデガーの思考は「神学的」なコード(文法)と「詩作的」なコードを行き来するようなものになると言う。「思索そのものが、存在の経験なのである。思索と言語の遊戯は、学問の厳密さよりもなおきびしいという。(略)ハイデッガーは思索的に詩作しているのか、それとも詩作的に思索しているのか。これは、ほとんどの場合、決定しえない」(『ハイデッガー——乏しき時代の思索者』杉田泰一・岡崎英輔訳、未来社、一九六八年、一四—一五頁)。そこから、その「存在」概念はもはや哲学的思索とは言えず、何か予言的な啓示のようなものに変貌してしまう、と。

後期ハイデガーについてさまざまな異論が現われる理由は、その論述の韜晦的な晦渋さに負うところが大きい。ある人々にはそういった独自の論述のスタイル自体が、「存在問題」の深遠さを物語るものに見えるが、また別の人々には、それはハイデガーにおける「存在問題」の構想自体の根本的な矛盾の証左なのである。

さて、ハイデガーの後期思想の中心的な問題点は、まず第一に、『存在と時間』からの「存在」思想の「転回《ケーレ》」ということ、第二はいま触れたような、その「存在」思想の異様な難解性、曖昧性ということになるだろう。またこの二つは密接に関係している。「転回」の問題の要点は、「実存思想」から「存在思想」への重点の移動がハイデガーにとって何を意味するかということだが、それはまた、なぜ後期の「存在」の思索がかくも難解で謎めいたものになっているのかという問題と重なっているからだ。

そこでこの章では、何より第一に、後期ハイデガー思想の全体像を、受け取り可能な形として浮かび上がらせることを心がけたい。そのために、ハイデガーの後期思想における重要なテーマの系列をいくつかに絞り、それを順次解説していくことにしよう。

　このことには多少理由がある。ハイデガーは『存在と時間』以後きわめて多くの著作を残しているが、ある著作でこのテーマというのでなく、ほとんどすべての著作で同じテーマ群が繰り返し語られるというのが、その特徴的なスタイルになっている。だから、後期ハイデガーを読むものは、どこを切っても同じ問題が出てくるという、いわば「金太郎飴」的な印象を持つに違いない。ともあれ、そういう理由で、以下にテーマの系列を示しておくことにする。

・「存在」思想――「空け開け」、「無」、「明るみ」など
・「真理」概念――「アレーテイア」、「ピュシス」
・ヨーロッパ文明の批判――「形而上学」、「ヒューマニズム」、「存在の歴史」
・技術論――「ポイエシス」、「テクネー」、「立て－組」、「挑発」
・芸術論――「世界」、「大地」、「闘い」

2　「存在」とは何か――空け開け、無、明るみ

難解で知られた『ヒューマニズムについて』

まずつかんでおく必要があるのは、後期ハイデガーの独自の「存在」概念である。その難

解さの例を示してみよう。

> 思考はその本質上存在の思考として存在から要求せられているのです。思考は到着するもの（好ましきもの〔l'avenant〕）としての存在に関係しています。思考は、思考として、存在の到着へと、到着としての存在へと、結ばれています。存在は自らを思考にすでに贈り届けているのです。存在は思考の贈りもの〔運命（Geschick）〕としてあるのです。しかし運命はそれ自身歴史的なのです。運命の歴史はすでに思想家のものを言うことのなかで言葉となっています。
>
> 持続的な（bleibend）、しかも持続のなかで人間を待ち受けているこの存在の到着をいつも言葉にもたらすことが、思考のただ一つの事柄です。だから本質的な思想家たちはいつも同じことを口にします。（佐々木一義訳、『選集』㉓一〇一―一〇二頁。以下、理想社の『ハイデッガー選集』から引用する場合、この形で巻数と頁数を記す。また、ギリシャ語、ラテン語は原則としてカタカナ表記で統一した）

『ヒューマニズムについて』（一九四七年）は、戦後間もなく、フランスの読者ジャン・ボーフレ（一九〇七―八二年）に宛てた書簡がもとになっているが、難解で知られているものだ。この文章を読んで、その意味するところを苦労なく読み取れるという読者はまずいないだろう。さしあたりここでは、「存在」、「存在の真理」、「運命」、「贈りもの」といった言葉の意味が隠されているために解読が困難なのだが、それ以上に、後期ハイデガーの「存在」思想の全体像をあらかじめつかんでいないかぎり、この文章を明快に〝理解〟することはまず難しいと思う。

そこで、これからわたしたちは、後期ハイデガーの個々のテーマを押さえつつ、その全体像を確認していくが、その作業が終わった後で、この文章が判読できるものになっているかどうか、もう一度確かめてみることにしよう。

「空け開け」という場

さて、わたしはまず、後期ハイデガーを読むためにポイントとなる指針を三点挙げておくことにしよう。

①「空け開け」、「無」、「超越」、「自由」、「明るみ」。これらの術語はすべて「現としての人間存在」と読め。
②「転回《ケーレ》」の要点は〝「真理」は人間のおかげではなく「存在」のおかげだ〟という点にある。
③「本来性 - 非本来性」の区分は形を変えて生きつづけている。

①からはじめるが、これは内容的にも最も重要で、②、③はそこから派生するものと言っ

ていい。だから、とくに立ち止まって検討してみる。

『存在と時間』では、存在者の「存在」とは、事物存在の「存在性」ということを意味し、この「存在」は人間の「存在了解」のうちにあるものだった。ところが、後期では、この「存在」がいかにも謎めいた仕方で、たとえば、あるときには「無」、あるときには「空け開け」、「明るみ」といった術語によって語られるようになる。そのことで、後期の「存在」思想はひときわ神秘的なニュアンスを帯びることになる。

まず、『真理の本質について』（一九四三年）でくわしく出てくる「空け開け」の概念を取り上げてみよう。

近代哲学において、主観（認識）と客観の「一致」（合致）ということが「真理」の標識と見なされてきたことは、大抵の人が知っているだろう。人間の認識が対象世界の客観と完全に一致すれば、それが「正しい認識」、つまり「真理」の獲得ということを意味する。ところでハイデガーは、この「真理」概念がきわめて不十分であることを強調した上で、「真理」の本質を追いつめるためには、そもそもこの「合致」ということを可能にしているものは何か、と問うことが大事だと述べる。つまり伝統的な真理概念を可能にしているもの、それを根拠づけているものを捉えよ、と言うのだ。

この議論がきわめて奇妙で分かりにくいが、とりあえず追ってみよう。彼はこう言う。たとえば、誰かが「貨幣は丸い」と言うとする。「貨幣は丸い」は単なる言表である。だが具体的なものとしての「貨幣」は、それでパンが買えるものだ。一方は「言表」で、もう一方

「それでもものが買えるお金」。このまったく性質の異なったものが「合致」するということは一体なぜ可能なのか――。

彼はこう答える。両者の「合致」が可能であるのは、そこに「空け開け（das Offene）」という〝場〟が開かれているからである、と。つまり、「合致」という伝統的な真理概念を可能にしているのは、じつは「空け開け」なるものだ、と言うのである。つぎの文章をみよう。

しかるに貨幣についての言表がこの事物に「自らを」関係させるのは、言表が事物を表象的に前に置き、そしてこの表象的に前に置かれたものについて、それがその時々の主導的観点に応じてどのように措置されているかを言い表わすことによる。（略）対立しているものは、そのように〔前に〕置かれたものとして一つの開けた対立を横断し、しかも同時にそれ自身において事物として立ち止まり、恒常的なものとしてそれ自身を呈示するのでなければならない。このように対立を横断して事物の顕現が行われるのは、一つの開けた場の内部においてである。この開けた場の開けは、表象することにより始めて作り出されるのでなく、むしろ常にただ一つの関係領域として引き入れられ、引き受けられる。表象的言表の事物への関係は、根源的に、またその都度一つの態度として発動する上述の事態の実現である。（木場深定訳、『選集』⑾一七―一八頁）

「現」を言い換えたもの

異様に晦渋な書き方をしているために、「開けた場」とか「開け」（＝「空け開け」）という概念が、何か神秘的で謎めいたものに聞こえる。だが、ハイデガーが言うのはつぎのようなことだ。

たとえば、〈私〉が今金貨を手にして、「これは貨幣である」と言う。このとき伝統的には「真理」とは、この金貨と、「これは貨幣である」という言表との「合致」にある、と言われる。問題は、この「合致」を可能にしているものは何か、である。ハイデガーはこれに対して、何より大事なのは、〈私〉がこの金貨を見て、頭の中で「これは貨幣というものだ」と「表象」できるということ、これである、と言う。

何らかの対象について「これは……である」と言えること、これが言表と事物を「関係させる」ことの前提である。そのためには、その対象の「何であるか」が表象できるのでなくてはならない。そのことではじめて、具体物としての「貨幣」とそれについての「表象」が「合致」しうる可能性が現われる——。

ところで、この「表象する」という能力はもちろん人間だけのものだ。人間だけが、「表象」の能力によって、「貨幣それ自身」とそれについての「言表」という「対立を横断し」て、その「合致」を確かめることができる。そして、この「表象」の能力を、ハイデガーは、ひとつの「関係領域」として、つまり「開けた場」としてわたしたちに示すのである。

ハイデガーはつづけてこの「空け開け」を、人間が事物にさまざまな「態度」をとることのできる「場」というふうに説明しているが、要は、「合致」を可能にするのは表象や言表であり、また表象や言表を可能にするものは「空け開け」である、と言っているのである。

このように追ってきて、この「空け開け」という概念は、ようするに『存在と時間』での現存在の「現《ダー》」とどこが違うんだ、と思った人は、そうとうスルドイ。

この「空け開け」は、すなわち、人間の「存在」本質としての「現」というあり方を言い換えたものにすぎないのである。しかし、ハイデガーはこれをすぐあとで見るように、「明るみ」とか「無」とか「超越」とか「自由」といった言葉に、どんどん変奏していく。そのため後期「存在」思想の全体が、恐ろしく謎めいたものに見えてくる。

意味の受け取りを可能にするもの

なぜすでに「現」と言ってきたものを、これほどややこしく言いなおさなくてはいけないのか不審に思うだろうが、それはすこし後回しにする。この「合致」を可能にする「空け開け」という概念は、わたしの見るところ、ハイデガーの存在概念の思考の原型をよく示しているので、もう少し解説してみよう。

表象可能性を支えるものとしての「空け開け」の概念。じつはこれは、伝統的な哲学の問題、つまり、そもそも人間は、なぜ事象から何らかの「意味」を取り出しうるのか、という問いからやって来ている。おそらくハイデガーは、フッサールの『論理学研究』の範疇的直観という問題から、この問いを導いているのである。たとえば、ヴァルター・ビーメルの

『ハイデガー』で紹介されている、ハイデガー自身のつぎのような証言を見よう。

> ちょうどそのころ、私の興味はあらためて『論理学的諸研究』に、わけても第一版での第六研究に傾いていった。この第六研究で苦心して取り出された感性的直観と範疇的直観との区別は、私にとって、「存在者の多様な意義」の規定のために有効な射程をもつものとして、姿を現わしたのである。(『ハイデガー』茅野良男監訳、理想社、一九八六年、三六頁)

ここで「感性的直観と範疇的直観との区別」と言われているものは、後には(『イデーン』では)、有名な「知覚直観」と「本質直観(本質観取)」の区別というかたちになる。『イデーンI』でフッサールは、「あらゆる認識の正当性の源泉」として知覚直観と本質直観という二つの直観を取り出している。

この二つの直観の区別はなかなか難しいが、大づかみに言うと、「知覚直観」は、「知覚」として受け取っていることそれ自身で、「本質直観」は、人間が経験から受け取っているさまざまなレベルでの「意味の観取」を意味する。もう少しかみ砕いてみよう。

たとえば、いまここに大分太ったジョージ・フォアマンがボクサーの恰好でファイティングポーズをとっている白黒の写真があるとする。この写真からわたしたちは色鮮やかなトランクスを見てとるわけにはいかないし、やせたボクサーを見るのもむずかしいが、これが

「知覚直観」の側面。

しかし、もう一方でわたしたちは、誰でもここから自由に、この写真の「意味」を観取することができる。たとえばそれは、「年をとっても頑張るけなげなボクサー」だったり、「いまさら未練がましい元チャンピオン」だったり、単に「いかにもヨワソーな選手」だったりと、さまざまである。このような形で、人がある具体的な経験から、さまざまなレベルで「意味」を観取しうるということ（むしろ一枚の写真から何の意味も観取しないということのほうが難しい）、これが「本質直観」という側面である（ただし、本質直観を厳密に説明すればもっとやっかいになる）。

そして肝心なのは、おそらくハイデガーにとってこの「意味の観取」は、人間がさまざまな存在者から「その何であるか」（＝存在）を受け取りうることの根拠と見なされている、ということだ。言うまでもなくこの「意味」の受け取りこそは、人間が諸事物やそれについての諸性質等々を「表象できること」、「言表できること」の根拠であり、したがってまたそれは、言表の「合致」（あるいは「誤り」など）の〝前提〟でもあるからだ。こうしてハイデガーは、なぜ人間は存在者からさまざまなレベルで「意味」を受け取ることができるのか、と問い、その答えを「現」とか、また「空け開け」等々の仕方で呼んでいるのである。

偏心していく中心軸

わたしの考えでこれを敷衍すれば、この「意味観取」の可能性の問題は、つぎのように考えればよく理解できると思う。

さしあたって言えば、人間が事象からさまざまなレベルで「意味」を受け取ることができるのは、より直接的には、人間があらかじめ言葉によって世界を分節しているからだと言える。世界があらかじめ言葉によって分節されているために、「ことがら」は「意味」の秩序として「表象」されるのだ。しかし、もっと根本的に言えば、「意味」の受け取りが可能であるのは、人間がつねにすでに「身体」、「欲望」、「関心」、「配慮」として存在しているからだ、と言わなくてはならない。

「身体」として存在すること、それはつまり、世界とその諸対象をつねに快苦原理によって区分（分節）している、ということである。「身体」として存在することはまた、「欲望」や「関心」や「配慮」として存在することでもあり、それはつまり、世界とその諸対象の中につねに何らかの目標を見出し、またある可能性の意味連関としてそれらを把握し、秩序づけている、ということだ。すなわち、世界とその諸対象が、たえずそのつどそのつどの「欲望＝関心」の相関者として存在していること、このことが、世界やその諸対象がさまざまなレベルでの「意味」を帯びて現われることの〝根拠〟なのである。

また「身体」として存在することは、いわばそれ以上由来を遡れない原事実である。すでに見たように、ハイデガーはこの欲望相関的な観点によって、『存在と時間』における「現」の分析を遂行した。言い換えれば、この観点がはじめて、世界と事物とを、一般的な「存在者」であることから、個々人の「生」にとっての存在者、つまりそのつどの存在意味と存在価値においてあるような「存在者」へと変換することを可能にしたのだ。

そのことがまた「存在」を実存論的に考察するということを可能にしたのであるし、またこの観点を繰り込むことで、ハイデガーは、フッサールの「還元」の方法を、いわばエロス論的な領域に引き込んだ。「気遣い」はそれを象徴する重要な概念だが、この概念によってはじめて、実存の内実が、単に「意識」だけではなく、「気分」や「無意識」や「身体性」の領域と深くかかわるものであることが本質的なかたちで示されたのである。

しかし、後期のハイデガーは、『存在と時間』で定位したこの「存在」問題の中心軸を、どういう理由でか、すこしずつ偏心させていく。「現」、「内存在」、「気遣い」という系列で考えられたこの「存在」概念は、後期では「空け開け」、「無」、「明るみ」、「超越」といった言葉で語られることになる。ともあれ、もうすこしこの「空け開け」概念のバリエーションである「無」や「明るみ」について見ることにしよう。

一九二九年にフライブルク大学就任講演をもとにした『形而上学とは何か』が刊行されるが、ここでハイデガーは、例のやり方で「退屈」や「不安」の気分を分析しながら、人間存在の根底に「無」というものがあることを示す。その論述はつぎのような具合だ。

現存在とは無の中へ保たれてあることである。

現存在は無の中へ保たれつつ常に事前に全体における存在事物を超え出ている。この存在事物から超え出てあることを、我々は超越と名づけるのである。もし現存在がその本質の根拠において超越しないならば、即ちこの場合には、もし現存在が前以て無の中へ保たれていないならば、それは決して存在事物に関係することもできず、また自己自身にも関係できないであろう。

無の根源的顕示性なしには自己存在もなく自由もない。

以上をもって無に対する問いの答えは得られたのである。（略）無は、最初に存在事物への対立概念をもたらすのでなく、むしろ根源的に存在事物の本質そのものに属しているのである。存在事物の存在の中で無の無化が生起するのである。（大江精志郎訳、『選集』(1)五三―五四頁。傍点引用者）

ふつうは「存在」と「無」は、「ある－ない」という形での対立概念として捉えられる。しかし「無」は、じつはもっと根本的なもの、つまり「存在者」を存在者たらしめているある上位の原理である。「存在事物」は「無」という原理を自分のうちに持っていない。それを持っているのは人間存在だけである。しかし、それは単に、人間が「非《あら》ず」（……ない）や「否認」（……ではない）と言えるということではなく、もっと、人間が根本的に「無」の原理のうちにあるので、人間は「非ず」や「否認」の態度をとることができる、ということを意味する――。

この考え方の構図は、後にサルトルに引き取られて彼の『存在と無』（一九四三年）における基本構図となるのだが、その力点は少し違う。サルトルでは、「無」は即自（あるがまま）としての存在に、「否定」や「ない」を置き入れる原理で、人間の自由の本質とされる。ハイデガーではむしろ、人間が「前以て無の中へ保たれて」いること、これが人間がさまざまな存在者と関係しうる原理である。

もはや分かると思うが、ここでもハイデガーは、人間の「現」の事実を「無」と呼んでいるのである。人間の「存在」は単なるモノの「存在」とは本質的に違っている。これをさまざまな仕方で言うことができる。だが、どんな風に言ってみても、この根本的な事態をぴたりと表現することは難しい。だから、それはさまざまに言い換えてみるほかないのだ。ハイデガーはそれを「現」と呼び、また「空け開け」と呼び、ここでは「無」と呼んでいる。その要点は、人間だけが「存在 - 無」という秩序性それ自体を可能にする存在である、というようなニュアンスにある。

むしろ無があるのでないのか？

この「無」をまた「超越」と呼ぶことができる。この「超越」は「自由」の根拠でもあり、また人間が形而上学を作り出すことの根拠でもある。だから、形而上学の根本の問いはこうなるはずだ。「何故一体存在事物が在って、却って無ではないのか」。そうハイデガーは言う。

この「なぜ無があるのでないのか」という奇妙な問いは、一九五三年の『形而上学入門』の冒頭に、もっと象徴的な形で登場する（ついでに言うと『形而上学入門』は、ソクラテス以前のギリシャ的な存在概念「ピュシス」について、プラトン以後の「形而上学的」について、「存在の歴史」の概念についてなど、後期ハイデガーの重要なテーマが出そろっていて、後期ハイデガーの入門として勧められる)。

なぜ一体、存在者があるのか、そして、むしろ無があるのでないのか？　これがその問いである。この問いが決してありきたりの問いでないということは推察できる。「なぜ一体、存在者があるのか、そして、むしろ無があるのでないのか？」——これは明らかにすべての問いの中で第一の問いである。(川原榮峰訳、『選集』(9)七頁)

ハイデガーによれば、この問いこそはもっとも「根源的な問い」である。つまりそれは、「存在しているかぎりの存在者の根拠を求めること」、「根拠の探究」ということを意味する。ただしハイデガーはその理由を明快なかたちでは言っていないので、それに関しては、後に後期ハイデガー思想を全体として検討する際に、もう一度考えてみよう。

厳密な論理性はない

さて「明るみ」という概念も、また同じ事態の言い換えである。はじめに引いた引用文にも出ていたが、やはり『ヒューマニズムについて』の別のところから引いてみよう。

それは、存在の明るみが生ずる限りでのみ、存在が人間に委ねられていることを意味します。だが、《Da（現）》、すなわち存在そのものの真理としての明るみが生ずるということは、存在そのものを贈ること（die Schickung）なのです。存在そのものは明るみの運命（Geschick〔贈られたもの〕）です。（佐々木一義訳、『選集』㉓五四頁）

「明るみ」、「存在の明るみ」も、後期ハイデガーの難解なキーワードの一つとされている。だが、基本的には、「無」や「空け開け」と同じ。この文章は、まさしく「明るみ」とは「現」のことであり、ここに「存在の真理」が了解される可能性と必然性がある、という意味のことを言っている。

さて、ここまでが、はじめに挙げた指針の①「空け開け」、「無」、「超越」、「自由」、「明るみ」。これらの術語はすべて「現としての人間存在」と読め、にあたる。これらの術語が出てきたら、思い切ってそれに「現」、あるいは「現としての人間存在」を代入してみるといい。

ついでにもうひとつ、ハイデガーはこれらの術語を、しばしば、「無」を可能にしているのは「自由」であるとか、「自由」を根拠づけているのは「存在の明るみ」であるという具合に、相互に根拠関係や可能関係であるかのように示している。しかし、これにはほとんど厳密な論理性はない。これらは、すべて、人間が「現」として、つまり「身体」、「欲望」、「気遣い」といった原理として存在していることの〝言い換え〟であるということ、このことを念頭に置いておかないと、後期ハイデガーの術語の波をうまく泳いでいくことはきわめて困難である。

「存在」から贈られたもの

さて、②の指針は、「転回《ケーレ》」の要点は〝「真理」は人間のおかげではなく「存在」のおかげだ〟という点にある、ということだった。これは『存在と時間』では「現」や「気遣い」という術語で呼ばれたものが、見てきたような「空け開け」、「無」、「超越」、「明るみ」といった術語へ変換された理由にかかわっている。なぜハイデガーは、わざわざそのような難解な術語を新たに使う必要があったのか。わたしの考えでは、その中心の理由は、「現」や「気遣い」という術語には、現存在の「存在了解」に力点が置かれるようなニュアンスがあり、これを修正するためである。

何度か繰り返したが、『存在と時間』では、「存在」は人間の「存在了解」のうちにあるというニュアンスが強い。後期の明らかな力点は、これをむしろ、人間の存在了解自体が「存在」のおかげである、に変更する点にある。もっと砕いた言い方をすれば、自力救済から他力救済へのニュアンスの変更と言ってもいい。なぜそのような変更が要請されたか。それについてもかなりやっかいなので、もうすこし後まわしにしよう。

最後の③の指針は、「本来性 - 非本来性」の区分は形を変えて生きつづけている、ということだった。これも大事な点である。

たとえば、さきに見た『真理の本質について』でハイデガーは、「合致」が「空け開け」によって可能になっていることを意味するということは何を意味するか、と問い、それはつまり、「真理の本質」が「自由」であることを意味している、と述べる。「空け開け」とは人間独自の表象可能性のことだから、言い換えると、人間が諸事物に自由な存在として「態度」を取りうること、である。そこで、ハイデガーは「真理の本質」とは何か、と問い、人間がその「自由」、「脱自」(2)の本性において、「存在」のほんとうを自分のうちで明るみに出すことである、と答える。

つぎに彼は、では「自由の本質」とは何か、と問う。「自由」とは、対象を勝手気ままにわがものとして支配すること、ではない。それはむしろ、存在するものを、それ自体の「ほんとうの姿」において露わにすることである。そうハイデガーは言う。

要するに、人間の「自由」とは、好き勝手に事物の存在の何であるかを「解釈」するものではなく、いわば「存在」それ自身の在り方に導かれて、事物の「ほんとう」のあり方を露わにする力なのだ、と言っている。ここに、人間が「存在」を規定するのではなく、その「存在了解」が「存在」自身からもたらされたもの（贈られたもの）だという、後期の力点がよく見て取れる。

生き延びる構図

ところで、ここで当然つぎの疑問が出てくるだろう。では、人間の「自由」が、存在を正しく「真理」の姿において露わにしうるその根拠はどこにあるのか。ここがとくに重要な点だが、ハイデガーの答えはこうである。

> 現存在が単に脱自的に実存するのみならず、同時に執自的に実存する――換言すれば、恰かもそれ自身から且つそれ自身において開いている如き存在するものが呈示するものを執拗に固持する――という事態である。
> 脱自的に実存する現存在は執自的に実存する。執自的な実存においても秘密は支配するが、しかしそれは真理の忘却された本質、従って「非本質的」になった本質として支配する。（木場深定訳、『選集』⑾三一頁）

手っ取り早く言うと、ハイデガーは〝ほんとう〟の「自由」と〝うそ〟の「自由」がある、と言っている。「執自的な実存」、自己中心性にこだわる実存はうその「自由」だが、この「自由」はさまざまな存在者に向き合って、その存在の本質を「ほんとう」の形で露わにすることができない。そして脱自的な自由こそが存在の「ほんとう」を露わにする、というわけである。

ここでの「自由」の本質の二項対立性は、『存在と時間』における「本来性‐非本来性」の構図をほとんどそのまま引き継いでいる。同様のことが、『形而上学について』で見た「無」の論述においても見ることができる。

ハイデガーはそこで、こんな問いを立てている。現存在を可能にしているのは「無」であるが、無は根源的不安の中でしか本来的には姿を現わさない。すると、ふだんの状態ではその無は、いったいどうなっているのか、と。ハイデガーによれば、「無」は日常の生活ではその姿を変えている。

つまり平均的日常では、人間は「無」を薄められた形で持っている。これは、「無の否認」という形をとった「存在忘却」である、と言うのだが、もちろんこれを「頽落」と言っても同じことである。このように、『存在と時間』における「本来性－非本来性」の構図は、後期においてもそのまま生き延びていることが分かる。

3　アレーテイア、ピュシス

「隠れなさ」としての「真理」

「無」、「空け開け」、「明るみ」といった術語で語られる「存在」概念。そして、ちょうど将棋の飛車角のようにこれを両側から守っているかのような二つの概念、「アレーテイア」（真理＝隠れなさ）と「ピュシス」（自然＝本来あるもの）。これが後期ハイデガー思想のいわば三位一体をなしている。

まず「アレーテイア」の概念だが、ここでは、比較的よくまとまっている「プラトンの真理論」（一九四二年）を取り上げてみる。

「プラトンの真理論」でハイデガーは、プラトンの『国家』における〝洞窟の比喩〟を取り上げ、その「イデア」の概念を批判的に検討してみせる。

よく知られているように、〝洞窟の比喩〟でプラトンは、人々が仮象としての事物の存在から視線を転じて、真実在としての「イデア」の存在に気づく可能性を説いている。プラトンによれば、洞窟の中にあるものは「現実的だと思われている」が、じつは「仮象」（＝影）であり、外にある太陽（光源）こそが「真実在」である。

人々は、暗い目から眩《まぶ》しい目への移行と、その逆の場合において、これまで見えなかったものを見るようになるのだが、それはいわば「仮象」↕「真実態」へ移る際の目の慣れであり、プラトンはこの慣れを「パイデイア」（＝陶冶）と呼ぶ。プラトンの洞窟の比喩はこの「パイデイア」の本質を示したものだが、こうして「パイデイア」は、「より隠れないもの」↓「よりいっそう隠れないもの」↓「最も隠れないもの」というプロセスを経て、最後のものに到達する可能性を与える。

さて、「パイデイア」は、人間をして、それまで見えなかったものを見えるようにさせるのだが、じつはそのようなプラトンの「パイデイア」の概念の中には、事物をある「隠れなさ」（＝アレーテイア）として顕現させるという意味が含まれている、とハイデガーは言う。そういう仕方で、彼は「アレーテイア」としての「真理」概念を定義づける。

ギリシァ人にとっては元来、自らを隠すこととしての隠されてあることが存在の本質を隈なく支配し、従ってまた存在するものの現存性と接近性（「真理性」）をも規定する。それ故に、（略）真理は元来、隠されてあることから戦い取られたものを意味する。従って真理はその都度、開発という仕方におけるかような奪取である。（木場深定訳、『選集』⑾六二頁）

『真理の本質について』や『形而上学入門』でも（また他のさまざまな場所でも）、「アレーテイア」の概念は繰り返し論じられている。これまで「アレーテイア」というギリシャ語は、「真理」と訳されてきたし、ドイツ語ではこれに »Wahrheit« という語が当てられている。しかし、これは近代的な「真理」概念に変形させられているので、じつはギリシャ以前では、人々はもっと本源的な「真理」概念をもっていた。それがこの「アレーテイア」（＝隠れなさ）である――。

プラトンの「イデア論」

ギリシャ的な「真理」の概念は、伝統的な「真理」の概念、認識と対象の「一致」や言表の「正しさ」を意味しない。むしろそれは、事物のいわば「本来あるあり方」を「暴き」、「開発する」という意味をもつ。しかもそれは、事物のありようがおうおうにして、誤った仕方で現われることから「戦い取られる」、あるいは「奪取」されるというふうにして「暴かれる」のである。だからこそ、「覆いをとられる」とか「隠れないものとされる」という意味を持つ「アレーテイア」の言葉が当てられたのだ。これがハイデガーの主張である。

さて、ハイデガーによれば、プラトンの「イデア」の概念には、一方でそのような本来的な「真理」概念のニュアンスがあるが、もう一方でこれに対立するような両義性が潜んでいる。彼はプラトンのつぎの言葉に、読み手の注意を促す。「そこでこの、認識されるものに隠れなさを許与し、一方また認識する者に（認識する）能力を賦与するもの、それが善の理念である、と言いたまえ」（『国家』）。

つまり、プラトンの「善のイデア」の教説の両義性はつぎの点にある。「イデア」は、①「真・善・美」それ自体を可能にするもの、であるが同時に、②その認知（認識）を可能にするもの、である。そしてプラトンのイデア論全体は、②を決定的に前面に押し出すような性格を持っている、と。

よく知られているように、プラトンのイデア論は、さまざまな事物は、その形相的な「真実在」を「イデア」として持っている、という説である。興味深いのは、これが〈さまざまな存在者はその「存在」の根拠を「イデア」に持っている〉という説として読める点だ。つまり「イデア」はある意味で存在者の「存在の真理」であり、その「存在」の根拠でもある。しかし、ハイデガーは、プラトンのこの考え方は、じつはギリシャの本源的な「真理」を歪めてしまっている、と言う。

その要点は、「イデア」が、事物の「何であるか」（＝本質）の認識根拠として示されている、というところにある。人がある花の美しいことを認識できるのは、じつは彼がすでに

「美それ自体」(＝美のイデア)についての記憶を持っているからだ。これがプラトンの想起説だが、この考えは、超感性的なものとしての事物の「本質」(イデア)と、感性的なものとしての「事物それ自体」とを分け隔てることを意味する。

この考えが、「本質」(イデア)と「現象形態」(事物)との「合致」としての「真理」概念を作り出した。そのことで、ギリシャの本源的な「隠れないものとなる」という意味における「真理」概念を消し去ってしまった。そして、このプラトンの考えはアリストテレスにも受け継がれている。ハイデガーはそう言うのである。

この最高にして最初の原因は、プラトンによって、また同じくアリストテレスによって神的なものと名づけられる。存在がイデアとして解釈されて以来、存在するものの存在を目差す思惟は形而上学的であり、そして形而上学は神学的である。(略)

プラトンの思惟における形而上学の発端は、同時に「ヒューマニズム」の発端である。この語はここでは本質的に、またそれ故に最広義に考えられるべきである。(略)

プラトンの思惟は真理の本質の変更に従うが、この変更はニーチェの思惟においてその無条件的な完成を始めた形而上学の歴史となる。「真理」についてのプラトンの教説は、従って決して過去のものではない。(同書、七七―七八頁)

このような事情のうちに、「真理」を「言表の正しさ」とする「真理」概念の伝統的歴史が存在する。それはじつは人間的な「価値」によって「すべての存在の何であるか」を評価する思考であり、これを最広義の「ヒューマニズム」と呼ぶべきだ。こうしてハイデガーは最後に言う。プラトン以前に戻って、「真理の原初的な本質へ」立ち返れ、と。

「ピュシス」

ハイデガーによれば、「アレーテイア」の概念は、事物の本来の姿を「暴露すること」、「隠れないものにすること」を意味し、これがギリシャにおける本源的な「真理」概念だったとされる。では、この「事物の本来の姿」とは何か、ということになるだろう。それを示すのが、ここで言う「ピュシス」の概念である。

たとえば、『形而上学入門』でハイデガーはこう言う。

われわれがふつうに使う「自然《ナトゥーア》」という概念は、じつはギリシャ人がもともと使っていた「自然」とは全然違ったものになっている。この「ナトゥーア」としての「自然」は、すでにアリストテレスによる、形成する原理としての形相（エイドス）とその質料（ヒュレー）という区分をへて現われた、マテリア（素材）としての自然という意味を持っている。しかし、もともとはギリシャ人にとって「自然」は「ピュシス」と呼ばれ、その本来の意味はそういうものではなかった——。

さてピュシス[3]という語は何をいっているのであろうか？　それは、おのずから発現するもの（たとえばバラの開花）、自己を開示しつつ展開すること、このように展開することにおいて現象へと踏み入ること、そしてこの現象の中で自己をひき止めて、そこで永くとどまること、簡単にいえば、発現し‐滞在する支配を言う。（略）ピュシスは発現する支配と、その支配によってあまねく支配せられた永続とを意味する。この発現し滞在する支配の中に、「生成」も、動かないでじっとしていることという狭い意味での「存在」もともに含みこまれている。ピュシスは発‐生、すなわち隠蔽されたものから自己をつれ出し、そのことによって初めて隠蔽されたものを存立へとつれこむことである。（川原榮峰訳、『選集』(9)二三―二五頁）

引用文だけ読むとひどく謎めいているが、ハイデガーの「ピュシス」の概念の内実はそれほどやっかいなものではない。たとえば彼は、ギリシャ人は「ピュシス」の本質が何であるかを、いわゆる「自然」事象から受け取ったのではなくて、存在についての詩作的‐思考の経験から受け取った、と言う（ソクラテス以前の哲学では、詩作によって世界の本質を啓示的に示すという表現形式が一般的だった）。そこで、彼らは、もともと、天や地、石や植物、動物や人間、人間と神々の作り出したものとしての歴史、そして神々自身といった「世界」のすべてを「ピュシス」と呼んでいた、と。

つまり、「ピュシス」とは、ギリシャ人にとって、世界の森羅万象の「本来あるべき姿」を意味していたということである。こうして、彼は「ピュシス」の本質をつぎのように定式化する。「ピュシスという語についてのさきほどの説明に従えばピュシスは存在者の存在を意味している」(同書、二八頁)。

『存在と時間』以来、あれほど問題にされた存在者の「存在」のいわば〝本体〟、それが「ピュシス」だと言われるのである。

西洋の「形而上学」が開始

また、べつの箇所でハイデガーはこう書いている。

存在とは発現する現象、隠蔽性から離脱することであるから、存在には本質上、隠蔽性が属しており、隠蔽性からの由来ということが属している。この由来は存在、つまり現象するものそのものの本質の中にある。偉大な秘匿と沈黙とにおいてであれ、浅薄な仮装と被覆とにおいてであれ、存在はいつもこの由来へと振り向き傾いている。(同書、一四六頁)

だいたいこう言っている。「存在」の発現とは、事象の「本来あるべき」姿が、それが何ものかに覆われている状態から、その覆いをはぎ取って「本来あるべき」姿を現わし出す、ということだ。だから、あらゆる事物の「存在」には、隠されていることと、隠された状態から自らを現わそうとすることの両面の契機がある。また、あらゆる事物の「存在」は、その「本来的」なありかたと「非本来的」なありかたという二つのあり方の可能性をもって存在している——。

　これで、「ピュシス」と「アレーテイア」の相関性がかなりはっきりしたと思う。「ピュシス」はいわば存在の本体であり、「アレーテイア」はこれを、隠蔽された相からその本来の相へと〝露わにすること〟なのである。だが、ハイデガーによれば問題は、プラトン、アリストテレスによって「イデア」→「エイドス」の概念が打ち立てられたことで、この本源的な「ピュシス」と「アレーテイア」の概念が失われた点にある。『ニーチェ』によく知られたつぎのような箇所がある。

> 　この形而上学という名称は、実質的語義からいえば、存在者の存在にかかわる知を言いあらわす名称にほかならない。その存在はア・プリオリ性によって顕彰されており、プラトンによってイデアとして把握された。それゆえに、存在をイデアなりとするプラトンの存在解釈から形而‐上学（メタ‐フィジーク）が開始するのである。この存在解釈は、後世にわたって西欧哲学の本質を刻印する。西欧哲学の歴史はプラトン以来ニーチェにいたるまで、形而上学の歴史である。（細谷貞雄訳、『選集』㉕四六三頁）

　プラトンによって、「イデア」がいわば「ピュシス」の「真理」として置かれた。「イデア」は超感性的なる世界を意味し、そのことで「ピュシス」は感性的かつ仮象の世界（イデアにあずかる世界）と解釈される。こうして、世界は、本来そうであった根源的な「存在」性を失って、「超感性的な世界」と「感性的な世界」、「エイドス（形相）の世界」と「マテリア（素材）としての世界」、さらに「かくある（存在）世界」と「あるべき（当為）世界」へと分裂する。

この分裂によって西洋の「形而上学（Meta-physik）」が開始され、またその「真理」概念は、あの「合致」としての認識概念に落ち込むことになった。そうハイデガーは言っている。

存在思想の基本構図

さて、ここまでくると、後期ハイデガーの存在思想の基本構図が大体思い描けたと思う。つまり、「存在者の存在」としての「ピュシス」、それを「露わにする」、「隠れないものとする」という意味での「アレーテイア」、そして、この「ピュシス－アレーテイア」という「真理性」がそこで実現される場、地平としての、人間という「空け開け」、「明るみ」――。また、プラトンの「イデア」が、世界を「超感性的なもの」と「感性的なもの」へと分裂させたために、西洋の「形而上学」（＝ヒューマニズム）が始まった。ここでは「真理」は「言表」と「事物客観」の「合致」と考えられた。また、ここには人間中心的な事物把握の形式があり（＝ヒューマニズム）、それこそが、人間の歴史における「存在の真理」の忘却をもたらした原因である――。

『存在と時間』では、日常生活における人間の「頽落」がいわば批判の主な対象だったが、後期では、ヨーロッパにおける形而上学的「存在解釈」のいわば制度性全体が、最大の批判の対象になっていることが大きな特質である。この議論の核心をひとことで言えば、本源的なものであった「ピュシス」がある理由で二元論的に分裂させられ、このことが人間中心主義的なヨーロッパ形而上学の発端となった、ということだ。

だが、もう少し進もう。このようなヨーロッパ形而上学批判の構図は、ハイデガーの技術論を見ると、いっそう明瞭になる。

4　近代技術批判と根源的な「一」

自然を人間のために一方的に利用する

ハイデガーは一九六二年に『技術と転回』を刊行する。これは一九五〇年前後に行った一連の講演がもとになっているが、その概要はつぎの通り。

まずハイデガーは、技術は技術の本性と同じものではない、と言う。では「技術の本性」とは何か。それを表わすのが「ポイエシス」[4]という言葉だが、これはもともと「出で－来－たらすこと」（＝その本性を露わにさせること）という意味を持っている（「アレーテイア」や「ピュシス」と同じ構造だ）。すぐ分かるように、「ポイエシス」は「ピュシス」の概念と深く繋がっている。「フューシス（注：ピュシスのこと）は最高の意味においてポイエシスですらある」。

> 出で－来－たらすということは、蔽われている状《さま》から蔽われていない状へ連れ出すことである。（略）かくのごとく到り達する《コンメン》とは、私たちが発露する《エントベルゲン》と呼んでいることがらに属し、且つそのなかで響き合っているようなことがらである。ギリシア人はその代わりに、alétheia〔アレテイア・事割られたる真事〕という言葉をもっている。（小島威彦・アルムブルスター訳、『選集』⒅二七頁）

もうくわしい説明は不要だと思うが、ハイデガーによれば、もともと「ギリシャ人の意味において」は、「ポイエシス」、「ピュシス」、「アレーテイア」、そして「テクネー」という言葉はすべて根本的な意味において連通管のように底でつながっていた。それらはすべて、「ほんらいあるもの」をその本来性において「出で－来－たらす」、「露わにする」、「隠れないさまにする」といった意味をもっていた。ところが、

> 近代技術を終始支配しているこの露わに発《あば》くということは、しかし今では、ポイエシスの意味における出で－来－たらしの形で展開されているのではない。近代技術のなかで統べている露わな発きとは、自然にむかって、エネルギーとして搬出され貯蔵されうるような、エネルギーを供給すべき要求を押し立てる挑発《ヘラウスフォルデルン》なのである。（同書、

三一頁）

いまや農夫の仕事さえ、近代的な意味での「挑発」になってしまった。「挑発」とは、自然を、人間の観点から、一方的に人間に役立たせるために利用すること、を意味する。しかも、それだけではない。自然は形而上学的な（つまり人間中心主義的な）視線の中で、「挑発」の対象となるのだが、そのことはじつは、「人間自身の方がすでに、自然エネルギーを搬出するように挑発されている限りにおいてのみ」可能になっているのである。そうハイデガーは言う。

つまり、近代技術の本質は、「人間」－「自然」の双方がともに全体的に「挑発」の対象となっている構造として、はじめて理解できる、ということになる。近代技術のこのような本性的構造を呼ぶのに、ハイデガーは「立て－組（Ge-stell）」という言葉を示す。

> いま私たちはここで、自己発露するものを役立つものとして仕立てるように、人間を纏めてゆく、あの挑発的な呼び求めを——立て－組（Ge-stell）と呼ぶことにしよう。
> （同書、三七頁）

「挑発」＝「立て－組」としての「頽落」したあり方

『技術と転回』の論述も、やはりそうとう難解である。そこで、読解のためのツボは次のような基本構図を押さえることだ。

「技術（テクネー）の本性」は、ものごとの「ほんとう」を「出で‐来‐たらす」ものとしての「ポイエシス」にある。ところが近代技術は、あのプラトン形而上学以来、「挑発」＝「立て‐組」になってしまった。これは技術の本性の「頽落」形態である。しかしまた、技術が歴史的にそのような「頽落」形態をとっていることには、一つの必然性がある。むしろそのことは、人間が技術の真の本性に目覚めるという新しい必然性（＝運命）の前提でもある——。

これはもって回った言い方だが、ちょうど『存在と時間』において、人間が日常生活では「頽落」していることがふつうの状態である、だがそこから人間は、実存の自覚によって自己の実存の「本来性」を見出す可能性がある、と言われていたのと同じ構図として理解すればいい。

たとえばハイデガーは、近代技術の「挑発」＝「立て‐組」としての「頽落」したあり方を繰り返し力説したあと、突然ヘルダーリンのこんな詩句を持ち出す。

「されど危険の存するところ、おのずから救うものもまた芽生う」。

つまり、もし技術の本性たる「立て‐組」が究極の危険であり、またヘルダーリンの言葉が正しいなら、「むしろ、他ならぬその技術の本性こそが救うものの芽生えを自らのうちに蔵しているにちがいない」とハイデガーは言う。

こうして、人間が近代的に歪められた技術の本性、「挑発」＝「立て‐組」を棄てて、「真理」を「露わにするもの」としての技術の本性に目覚めるべき道すじをもつ、というストーリーは、人間が「頽落」した「世人」としての自己を棄てて「本来的」な実存の可能性に目覚めるのと同じ構造になっていることが分かる。『存在と時間』とのニュアンスの違いは、この道すじ（「頽落」→我執を棄てる→本来性の発見）が、歴史の必然性として、つまり「命運」とか「運命」といった術語で強調されている点である。

「根源的な一者」

さて、見てきたような後期ハイデガー思想から、その思想的核心点を取り出すとすれば、それはおそらく、事物存在の「真理」と人間存在の「真理」の統合の思想、ということになると思う。これに関して、ハイデガーの最後の大著『ニーチェ』（一九六一年）に、少し触れておきたい。

ハイデガーは、ここで、ニーチェ思想の二つの中心概念である「力への意志」と「永遠回帰」について、たいへん独自な解釈を提示している。

ハイデガーによれば、「力への意志」とは、「いかなる意志もより大きな力であろうとしつづける限り存在する」ということを意味し、ニーチェはこれを一切の「存在者の存在」、つまり「存在の本質」と考えていた。

では「永遠回帰」とは何か。世界は永遠回帰する。これは、存在者の全体が何であるかについてのニーチェの答えである。すなわち、世界の存在総体の根本規定として、「力への意志」はその「何であるか」（＝存在本質）を、「永遠回帰」はその「いかにあるか」（＝存在事実）をそれぞれ表わしている——。

そして、ハイデガーはこう書く。

> 力への意志は永遠なる回帰として存在する。ニーチェは、この永遠なる回帰において、存在と生成、能動と反動を、ひとつの根源的統一へ合わせ思惟しようとするのである。
> （細谷貞雄訳、『選集』㉔一七八頁。傍点引用者）

ニーチェは「力への意志」と「永遠回帰」を一つのものとして統合することによって、じつは存在問題についての究極的な思考に触れかけていた、そうハイデガーは主張する。だが、これはどういうことか。

ハイデガーの『ニーチェ』の中心的な議論を要約すると、ほぼつぎのようになる。もともと「存在者の全体の真理」は根源的な一者である。プラトン以来の形而上学はこれを「存在者の全体」（いかにあるか＝存在事実）と「存在者の存在」（何であるか＝存在本質）に分割してしまった。ニーチェはそれをもう一度統合しようとする試みをおこなったのだ、と。だが、続きがある。

たしかにニーチェはプラトン主義を顚倒させようとした。しかしニーチェはその「価値の哲学」（＝力の思想）によって、「超感性的なもの」（＝イデア）が「感性的なもの」（＝諸物）に優位するというプラトン図式を単に逆転することに終始してしまった。そのため形而上学の顚倒の試みは不十分に終わった。そしてニーチェはむしろ、「価値の哲学」によって、存在者の「意味」を人間存在の利用可能性へと還元し、そのことで形而上学の完成者となったのだ——。

つまり、ニーチェはヨーロッパ「形而上学」を乗り超えるための未曾有の格闘をおこなったが、結局そのことに失敗している、というのがハイデガーの主張なのである。

ところで、プラトン以後、世界は「超感性的なもの」と「感性的なもの」へと分裂させられたが、それはじつは本源的な「存在」の頽落形態である、という考え方は、たとえば、つぎのような形で表現されている。

これらすべてとはまったく異なる他なるもの、われわれの歴史の最初の始源においてすでに——根拠づけられることはなしに——現成しているゆえに将来にそれが（略）一者として存在するであろうもの——それを人々は知りもせず、賭けもしない。それは存在の真理であり、存在の真理のうちに立ち出ること（Inständigkeit）である。ここからのみ、世界と大地は人間にとっておのれの本質を戦い取り、人間はこのような戦いのうちで存在の神へ対向するおのれの本質の応答を経験するのである。（細谷貞雄訳、『選集』㉕二四三頁）

始源においては、事物の存在が「本来的にそうあるあり方」、それは人間が「本来的にそうあるあり方」と相関し、調和していたはずだ。この状態がいわば「存在の真理」を象徴する。しかし、もちろん人間はこの「存在の真理」を忘却し、頽落の中を生きている。そして、この「存在の真理」の取り戻しは、人間が人間としての「本来性」に目覚めて生きるとき、はじめて可能になる。またこのとき、事物の存在もそれが「本来あるべき相」において人間に現われる。ハイデガーの「根源的な一者」は、そのような像として定位されている。

ハイデガーの直観

ところで、このような考え方は、思考の構図としては二元論を一元論によって乗り超えようとするときの典型的な定型であって、とくに新しいものとは言えない。スピノザの「神」=全体の一元論や仏教的な物心一如論などがその例だ。

しかし、あえてハイデガーのモチーフを受け取れば、「世界の全体存在」を、その「存在事実」と「存在本質」の統合として回復しようという考え方の底には、いわば、事物存在の「真理」と人間存在の「真理」は本来ひとつのものであるはずだ、という重要な直観があると思う。

ふつうの考えでは、「事物存在の真理」(世界がいかにあるか)と、「人間存在の真理」(人間がいかにあるべきか)は、別々のことと考えられる。たとえば世界全体がどのような存在であるかは、自然科学が受け持ち、人間がどのような存在であるべきかは倫理学が受け持つ。これを繋ぐのが論理学だと言っていい。これはアリストテレス以来の区分である。しかしハイデガーによると、そもそもこの区分が、あの「イデア」によって「ピュシス」が解釈されるという事態以来のものであり、頽落した形態なのである。

わたしの考えでは、ハイデガーのこの直観自体はまっとうである。というのも、まさしくニーチェやフッサールの思想もそのような直観から出発しているからだ。そしてニーチェやフッサールの直観を追い詰めると、「人間存在の真理」と「事物存在の真理」は別々に自立した原理なのではなく、前者が後者を基礎づけ、根拠づけている、ということになると思う。

ハイデガーが『存在と時間』において欲望相関的観点を大胆に導き入れたとき、彼はまさしくそのような形で考えていたのである。しかし後期ハイデガーはこれを、両契機の統合、合一というかたちで考えた。

人間が頽落した、誤った仕方で存在すると、世界の事物はそれに対応して無機的な自然（マテリア）として現われ出る。したがって、人間が自分の頽落を自覚しないかぎり、世界の存在もまた仮象の、隠蔽されたすがたでしか、おのれを現わさない。ヨーロッパの思考が形而上学の、そして、人間中心主義の歴史だったのは、その頽落した存在解釈によるのである――。ハイデガーの歴史観が、このような真理の「隠蔽史観」あるいは「頽落史観」の形をとるのは、今見たような事情による。

「歴　史」

またこのことは、ハイデガーの歴史についての独特の考え方とつながっている。人間の歴史は形而上学の歴史であって、自分の存在論の課題はこの伝統的な形而上学による存在解釈を「解体」することである。これは後期ハイデガー思想のよく知られたスローガンだ。これもなかなか分かりにくい概念なので見ておこう。たとえば、『形而上学入門』におけるつぎのようなテクスト。

(一)　人間の本質の規定は決して答えではなく、本質的に問いである。
(二)　この問いを問うことは、そう問うことが初めて歴史を作るのである、という根源的な意味において、歴史的である。
(三)　そして、それがそうであるのは、人間とは何かという問いは、存在について問うことの中でのみ問われうるのだからである。
(四)　問うことの中で存在が自己を開示するような所においてのみ、歴史が生起し、人間の存在もまたそれとともに生起する。この存在のおかげで、人間はあえて、存在者としての存在者との相互抗争へとはいって行くのである。
(五)　問いつつ相互抗争するというこのことが、人間を、初めて、人間自身がそれであり、またそれでなければならないようなそういう存在者、へとつれもどす。
(六)　人間は問うことにおいて、歴史的な者として、初めて、自己自身へと至り、自己なのである。人間の自己性とは、人間が、人間に対して自己を開示する存在を、歴史へと転ずべきであり、その歴史の中で人間自身を、立つことへともたらすべきである、ということをいうのである。自己性とは、人間がまずもって「自我」であり、個別者であ る、ということをいうのではない。このように人間が「自我」や個別者でないのと同じく、人間はまた、われわれとか社会とかでもない。

(七) 人間は歴史的な者として人間自身であるのだから、人間自身の存在についての問いは、「人間とは何か?」という形から「人間とは誰か?」という形に変えられねばならない。(川原榮峰訳、『選集』(9)一八二―一八三頁)

一体「歴史」とは何か。この問いに対してハイデガーはこう答える。人間だけが、自分の「存在」と世界の「存在」について問い、その真理をつかもうとするような存在者である。また、このように人間が「存在の真理」を了解しようとする存在であることが、「歴史」の本質を根拠づけている。

普通考えられているような、時間の中でさまざまな「出来事」が生じるという意味での歴史は、じつは本来の意味での歴史ではない。人間の実存の本質は、自らを時間化する(時熟させる)存在であるということ、またそのようなものとして自己を了解するという点にある。まさしくこのことが、歴史性なるものの根源なのである。

したがって、歴史とは、本質的には人間の「存在」了解の歴史を意味するが、重要なのは、だからまたこの存在了解の歴史は、「存在の真理」の了解の歴史でなければならないのである。こうして、「存在」が何であるか（＝存在解釈）についての本来的な「戦い」こそが、人間を人間へと成らしめる、ということになる。

言い換えると、自分の「存在」が本来どういうものであるのか、この問いの歴史こそが歴史の本質なのである。その意味で、人間が自分自身を問うその問いの形は、「人間とは何か」（事実として何か）ではなくて、「人間とは誰か」（人間はどのような存在でありうるか）でなくてはならない――。

ところで、わたしたちはすでに、ヘーゲルという近代の代表的な歴史観をもっている。その要諦は、「歴史」に理性の終局的な目的を与えることによって、この「歴史」のうちにある人間存在の意味を救済するという点にあった。ハイデガーもまた、似たような視点を取っていないだろうか。わたしはむしろこれを反転すべきであるように思える。つまり、人間実存の意味の根拠がしっかり捉えられたとき、はじめて歴史の意味が生き延びうる、と。

さて、一方で「ピュシス」という「存在の本源性」と、この本源を現わし出すこととしての「アレーテイア」、そして「ピュシス－アレーテイア」の系がそこで実現される場としての現存在。

もう一方で、イデアによるヨーロッパ形而上学の開始、ギリシャ的本源性の忘却、近代の真理論、認識論の頽落、人間中心主義的（ヒューマニズム）な技術主義といったことがらへの哲学的批判。これが後期ハイデガー思想の基本構図になっていることが、ここまでたどってきて明らかになったと思う。そこで、わたしは、はじめに引いた『ヒューマニズムについて』の文章をもう一度確認してみたいと思う。こう書かれていた。

思考はその本質上存在の思考として存在から要求せられているのです。思考は到着するもの（好ましきもの〔l'avenant〕）としての存在に関係しています。思考は、思考として、存在の到着へと、到着としての存在へと、結ばれています。存在は自らを思考にすでに贈り届けているのです。存在は思考の贈りもの〔運命（Geschick）〕としてあるのです。しかし運命はそれ自身歴史的なのです。運命の歴史はすでに思想家のものを言うことのなかで言葉となっています。

持続的な（bleibend）、しかも持続のなかで人間を待ち受けているこの存在の到着をいつも言葉にもたらすことが、思考のただ一つの事柄です。だから本質的な思想家たちはいつも同じことを口にします。（佐々木一義訳、『選集』㉓一〇一——一〇二頁）

オカルト宗教の教祖の言のような雰囲気さえあるが、言いたいことはほぼ明らかだろう。「存在」へと向かう思考こそが人間の本質である。「存在（の真理）」は人間の生き方の「ほんとう」であり、かつ世界のあり方の「ほんとう」でもある。「存在（の真理）」は、人間が自分の「ほんとう」を取り戻すとき、必ず与えられるという必然性をもっている。人間が存在忘却からこの「存在」了解への自覚を取り戻すことは、したがって人間の歴史的本質である。

しかし、そうは言っても、それは人間の側の主体的行為なのではなく、いわば「存在」が人間を促してその思考を促す必然をもっている、と考えなくてはいけない。そこに、本質的な思想家たちが、必然的におなじ本質的な思想に到達する理由がある——。

5　芸術論

一種独特の名文

さて、この章の締めくくりに、ハイデガーの芸術論に触れておくことにする。ヘルダーリンについての作品論などもよく知られているが、ここでは、ハイデガー芸術論の基本の骨格がよくうかがえる「芸術作品のはじまり」（一九五〇年）を取り上げよう。

ここでもハイデガーは、近代的な芸術概念を批判しつつ、ギリシャ的な（つまり根源的な）芸術概念を復元するといった手つきで芸術を論じていく。彼の結論を象徴するようなテクストを引いてみよう。

有るもののあからさまを、ギリシア人はアレーテア〔かくれていない〕とよびました。僕らはこれをまこととといいます。そして僕らは、このまこととということばでもって思考するところが不十分です。作品のなかで有るものがそれであるものとそれのありかたへ開かれるとするならば、作品のなかで、まことが作られるのです。（略）芸術の本質は有るもののまことがじぶんを作ることへおくことかもしれません。（菊池栄一訳、『選集』⑿三七頁）

芸術の本質はものごとのありようを正しく映し出すこと（模倣《ミメーシス》や相同《ホモイオーシス》）ではなく、ものごとの「ほんとう」を作品の中で作り出すことである。これがハイデガーの芸術観の中心テーゼだ。この考え方が、ものごとの「まこと」（＝真理）についての、あの「ピュシス」や「アレーテイア」の概念を前提にしていることは、もはや誰にも分かるだろう。ハイデガーは自分のこのような芸術観を、ゴッホの《百姓靴》という絵を解説しながら語っているが、これは有名な箇所なので少し長く引用してみる。

この靴という道具のくり抜かれた内部の暗い穴から目をこらしてみつめているのは、労働の歩みのつらさであります。この靴のがっしりした重みのなかに、風がすさぶ畑のひろくのびて単調なあぜをのろのろと歩いたあゆみの根気がこめられています。革には土のしめりと飽和があります。踵の下には暮れかかる夕べの野みちの寂寞が足摺りをしていきます。靴のなかには、大地のひびきのとまった呼びごえが、熟れる麦の贈与をつたえる大地の静寂が、冬の野づらの荒れた休耕地にみなぎる大地のわけしらぬ拒絶が揺れております。この靴をくぐりとおるのは、パンの確保のための嘆声をあげない心労、ふたたび苦難を克服することができたということばにでないよろこび、生誕の到来による武者ぶるい、死の威嚇による戦慄が揺れております。この靴という道具は大地に帰属しています。百姓女の世界のなかでこの道具は保存されています。この保存されて帰属することから、この道具がうまれて自足することになります。(同書、三二一―三二二頁)

この一種独特の名文のあと、ハイデガーはつぎのようにこれを解説している。百姓靴は一つの「道具」である。しかしゴッホの絵は、靴という道具の機能や成り立ちや製作過程などの記述や説明によって、その「何であるか」をもたらしているのではない。ゴッホの絵は、むしろ靴(女性の履く靴)が「百姓女」の生活にとって、単に「役にたつ」道具なのではなく、いま見たような存在感の一切を微妙に含みこんだ「頼みになるもの」として「安らぎ」を持っている、そのような道具であることを絶妙のニュアンスで表現している。

さらに彼は言う。これはどういうことか。ゴッホの絵は、「道具、すなわち一足の百姓靴がまことに『有る』ところのものを開いている」。つまり芸術作品は、そのような仕方で、単に美を作り出すのではなく、ものごとの「存在の真理」をその「隠れなさ」において発露させるのだ。芸術作品の本質は、現実の正確な模写でもないし、それを美的に表現することでもない。ものごとの「ほんとう」を、人々がふだんそれを隠蔽しているその「おおいをとり去る」ような仕方で、作品の中で開いてみせることである――。

「大地」と「世界」との「抗争」

また、「芸術作品のはじまり」でもう一つ有名な箇所がある。ギリシャの神殿という建築作品を論じたところだ。ハイデガーはここで、「大地」と「世界」との「抗争」という概念を提出する。

ギリシャの神殿は、ギリシャの風土、樹と草、海と波浪、そしてさまざまな生き物たちのひしめく世界の全体をいきいきと直観させる。これらの生きものや事物の全体をギリシャ人は「ピュシス」とよんだ。作品はそれらの全体を打ち立てることで、「大地」なるものを作品の中に開く。

作品がたてる「世界」は、「はるかな軌道が開かれているさま」である。これに対して、作品がつくる「大地」は、「たえず自分を閉鎖し、そうしてかくまうものが無におしこめられてのしあがってくるということ」である。「世界は大地のうえにのしかかって、大地をうちしのごうとつとめ」、「大地は、かくまうものとして世界をじぶんのなかへとりこんできてとりにがさないように」する。そんな具合に、作品の中では、「大地と世界」との闘いが行われ、この闘いのうちに「作品の統一」がある――。

これって何？　と言いたくなるが、ここで「大地」は「ピュシス」＝存在者の全体。「世界」は「世界の世界性」、つまり人間がそれである「存在」という「明るみ」の場所を意味する（「世界は世界しています」。石は世界がありません」）。

さて、「存在の真理」は、簡単にはもたらされない。それはいわば一方で「隠されつつ」、もう一方で「隠れないさまにされる」という相でもたらされる。「大地」は隠し、「世界」はこれを「隠れないさまにする」。このような「闘い」を通してのみ「存在の真理」はもたらされる。つまり芸術作品の本質は、「存在の真理」がもたらされるそのような構造の必然性（命運）を人間に直観させるところにある、ということになる。

後期ハイデガーでは、「存在の真理」なるものは人間の「存在了解」の中であらわになるのだけれど、それは人間こそが「存在の真理」の根拠だという意味ではなく、むしろ人間が「存在の真理」に触れうるのは「存在」それ自身のおかげ、というニュアンスが強い。この微妙な相関関係を、ハイデガーは「大地」と「世界」という二項の概念で表示しているのである。

このような芸術観は、ハイデガーの後期思想から見て当然の帰結であり、技術＝「ポイエシス」における「ほんとうの姿」を露わにする働きという構図と、まったく同形であることが分かるだろう。

芸術の本質

さて、最後にひとこと言っておこう。ハイデガーの芸術論は深遠なものだろうか。もし彼の「存在」と「存在の真理」についての思考が、複雑精緻に装われた〝形而上学〟なのであれば、その芸術論もやはりそのような性格を持たざるをえないだろう。ハイデガーはプラトンやニーチェを形而上学として批判するが、この批判が適切なものかという点について、芸術論は興味深い材料になる。

わたしはここでプラトンやニーチェの芸術論を論じるわけにはいかないが、その要諦を読者に簡潔に示しておきたいと思う。プラトンにとって芸術の本質は、「真理」からではなく「美のイデア」から考えられた。ニーチェもまた、たえず「真理」を「美」の上位に置く思考を批判した。わたしの考えでは、この二人の深い共通点は、「真理」の超越性ではなく、むしろ人間の欲望の超越的な本性を芸術考察の起点としていたことである。

もうひとこと言ってみたい気がする。芸術（美）の本質は何か。プラトンやニーチェにおいてそれは、「恋愛」や「エロス」が人間の生の本質を象徴し直観させる力に類比させられる。これに対して、ハイデガーにおいて芸術の本質は、「死」（死の不安）が生の本質を直観させる力に類比させられる。わたしの考えでは、まさしくこのことが、ハイデガーの芸術観から「美」の本質についての重要な直観を抜き取っているように思えるのである。

注

（1）「転回《ケーレ》」が「真理の本質について」の講演からはじまる→『ヒューマニズムについて』でのハイデガー自身の言葉によるものだが、実際は、思想的な〝転回〟は、ここに挙げた一九二九年の著作にすでにそうとう色濃く現われている。

（2）「脱自」↓　つねに新たな「ありうる」へと自分を超え出ること。

（3）「ピュシス」↓　もとの文章は »Physis« だが、訳者によって、ギリシャ語の場合、ラテン語の場合、カタカナ表記の場合などあるので、以後カタカナ表記で統一する。

（4）「ポイエシス」↓ 普通には、「制作」、「生産」と訳されている。ちなみに「テクネー」は、制作についての知、知識を意味する。アリストテレスでは「創作」の意味でも使われる。

第五章　問題としてのハイデガー

1　ナチズムとハイデガー

『ハイデガーとナチズム』

一九八七年、ヴィクトル・ファリアスの『ハイデガーとナチズム』がフランスで出版されるや、それまで一段落していた「ハイデガーはナチか？」という問題が一挙に再燃し、フランスを中心にヨーロッパに論議が巻き起こった。ヨーロッパの戦後思想にとって、植民地主義やスターリニズムの克服と並んで、ナチズムあるいは反ユダヤ主義の乗り超えという問題は最大の思想的課題である。ハイデガーは、ヨーロッパ現代思想にとって最も重要なビッグネームの一人であり、その意味で、彼がナチであったか否かは大問題だったのだ。この議論の余波は当然、日本の思想界にも及んだ。

ところで、ファリアスの『ハイデガーとナチズム』は、綿密な調査をもとに、思想と実践の両面においてハイデガーがナチズムに深く関与していたことを〝実証〟しようとする著作で、ここでのファリアスの主張の大きな要点はふたつある。

ひとつは、ハイデガーがすでに若いころから保守的かつナショナリスティックな思想の傾向を持っており、ナチズムとの関係はけっして偶然のものではないということ。もうひとつは、これまでの通説に反して、彼のナチズム関与がごく短い時期の一過的なものではなく思想的な必然性をもっていること、である。

たとえば、ハイデガーに、アーブラハム・ア・ザンクタ・クラーラ（一六四四―一七〇九年）というカトリック説教師についての処女論文（一九一〇年）があること、この熱烈なる保守的なナショナリストかつ反ユダヤ主義者に対するハイデガーのオマージュから、彼がすでに青年時代から保守的でナショナリストとしての強い傾向を持っていたことなどを、ファリアスはかなり綿密に資料を追いながら指摘している。

また、ハイデガーは一九三三年にフライブルク大学の総長に就任するが（三四年に辞任）、その前後に彼がさまざまな場所で書いた政治的なアジテーションを事とする多くの活動や論文を、ファリアスは詳しく紹介している。たとえば、フライブルク大学就任講演での、民族的連帯と労働奉仕の意義を説いたヒトラー礼賛の演説、またヒトラー支持を表明するための「ドイツの学者の政治集会」での演説などがあり、そこには明確に、国際社会とヨーロッパの歴史におけるヒトラーとナチズムの政治的意義を高く評価するハイデガーの言葉を見ることができる。

その他、ハイデガーの哲学的論述からは想像できないほど、無防備でかつ粗雑な政治的アジテーションの演説や論文なども多く紹介されている。

一般的には、ハイデガーが政治的にナチズムに寄り添っていたのはフライブルク大学総長就任までで、その後はナチスの動向からこれに絶望して政治活動から身を引き（当局から監視されていたという説もあった）、以後はもっぱら後期存在思想の思索に精力をそそいだ、とされていた（この通説は、ハイデガーの責任問題に対して〝ハイデガー派〟の哲学者たちが協力して作り上げた通説にすぎない、という見方もあったが）。しかし、ファリアスによれば、ハイデガーが総長を辞任して政治の前線から身を引いたのは、ナチ党内部における党派抗争によるものであり、ハイデガーとナチズムの結びつきは深く、思想的な必然性も明確である、とされる。

ドイツ人にとっての最大かつ独自の試練

ファリアスの意図をよく表しているところを引いてみよう。

一九四二年の夏学期の講義に特徴的なのは、その攻撃性であって、これは、ハイデガーのナチズムとの結びつき、それどころかヒトラー政権が引き起こした戦争への彼の明確かつ公然たる支持を明らかにしているものである。ハイデガーは当時、アメリカの参戦について学生たちにこう語っている。「我々は今日知っている、アメリカニズムのアングロサクソン世界が、ヨーロッパを、とはつまり故郷を、とはつまり西欧の始まりを破壊しようと決心していることを。この惑星的規模の戦いへのアメリカの参戦は、歴史への参入ではなく、そのことだけですでにアメリカの無歴史性と自己荒廃を示すきわめつきのアメリカ流行動なのである。というのも、こうした行動は、始原の拒否であり、無始原への決断だからである。西欧における始原のもつ隠された精神は、無始原の自己荒廃のこうしたプロセスに対してもはや軽蔑の視線さえも投げかけず、始原のもつ安らぎの中で落ち着いて、その運命の時を待っている」。これを見ても、西欧の「根源」を超越論化しようとするハイデガーの目論みは、ナチズムを精神化しようとする試みと密接に結びついていることが明らかとなる。(『ハイデガーとナチズム』山本尤訳、名古屋大学出版会、一九九〇年、三一八頁)

一九四二年は、著作では、イデアとアレーテイアの関係を論じた「プラトンの真理論」が発表されている。総長職を辞して八年たっているが、この時期においてもハイデガーが、ナチ・ドイツの戦争行為を正当なものと考えていたことがかなり明瞭に示されている。

また、ドイツ軍がスターリングラードで大敗を喫した直後、一九四三―四四年のヘラクレイトス講義には、つぎのような呼びかけがあったと言う。ドイツ人にとっての最大かつ独自の試練が、いま目前に迫っている。それは「現代世界の俗物的精神に抗して、そのみじめな誇りの中に始原を救い出すための死をも厭わない覚悟がドイツ人にあるかどうか」という試練であり、それはつまり「ドイツ人が存在の真理と協調しているかどうか」という試練でもある、と。

もうひとつこの本で重要と思われるのは、ハイデガーの総長辞任が、ナチズム内部の党派抗争、つまり親衛隊（ＳＳ）を後ろ楯とするヒトラー本流と、エルンスト・レームを中心とする突撃隊（ＳＡ）との抗争に由来する、という指摘である。一九三四年六月、レーム率いる突撃隊の幹部たちが親衛隊員によって粛清されるという事件が起こるが、これは、ヒトラーがその独裁権力を作り上げていく上での大きな節目を成している。レーム率いる突撃隊はそれまで「ナチ革命」の中心的役割を果たしていたいわばナチ内部の過激派だったが、ちょうど二・二六事件で日本のファシズムが皇道派を切り捨てて、統制派による統一支配へ移行したように、現実派のヒトラーと親衛隊によって切り捨てられるのである。

ハイデガーは基本的に突撃隊のイデオロギーに寄り添っており、したがって、レームたちの粛清によるナチズムの路線転換が、ハイデガーの総長辞任およびその後のナチス公認イデオローグたちとの対立の原因である、というのがファリアスの考えだが、まず妥当な指摘だと思える。

その他、ハイデガーがナチズムに深く関与していたというファリアスの〝実証〟は、多岐にわたっている。この著作に対するさまざまな批判もあるが（デリダが、ここに「新しい発見はほとんどない」とコメントしたことはよく知られている）、彼の指摘は大筋ではうなずけるものだ。

〝党派抗争〟の力学が絡んでいた

繰り返し言えば、ナチズム問題（＝ユダヤ人問題）は、ヨーロッパ現代思想にとっての最大のアキレス腱である。それはちょうど、日本の戦後思想にとって中国や朝鮮に対する侵略戦争がそうであるのと似ている。ハイデガー思想は、一方でヨーロッパのインテリたちを強烈に魅了し、深い影響を与えた第一級の思想だが、もう一方で、このヨーロッパ思想のアキレス腱、恥部に触れる危険性を孕んでいる。だからヨーロッパの思想家たち（とくにハイデガーの重要性を認める）は何とかハイデガーをすっきり了解したいのだが、それを阻むものがハイデガー思想の内に存在するのだ。

それに加えて、この本が大きな物議をかもした背景には、フランス思想界におけるいわゆる〝デリダ派〟をめぐる抗争という事情がある(1)。

大筋を押さえておくとこうなる。『ハイデガーとナチズム』のフランスでの出版をつよく後押ししたのは、反デリダ派で新哲学派の流れに位置するクリスチャン・ジャンベ。デリダは、言うまでもなくフランス現代思想のビッグネームで、ハイデガー主義者と目されていた。ジャンベなどが、反ナチズムを大きな思想課題とするフランスでこの本の出版をセンセーショナルな仕方で演出したことの裏側には、アカデミズムの中の保守的ハイデガー学派というよりむしろ、ハイデガーを思想的な後ろ楯とするデリダ派に狙いをつけた暗々裏の攻撃の意図があったと見られている。

「ハイデガーはナチである」という言い方は、ヨーロッパではとくに、当然ハイデガーを思想家としても人間としても「禍々《まがまが》しい」存在と見なすことである。それはまた、ハイデガーの思想のみならず、その内実を問わずハイデガーを評価する思想をもひとしなみに「禍々しいもの」として〝排除〟するような世論の力学をかもしだす。つまり、ハイデガー＝ナチ説を抱えた『ハイデガーとナチズム』の出版には、その思想的内実を飛び越えて、フランス思想界における〝党派抗争〟の力学が絡んでいたのだ。そこで、そのようなハイデガー問題の提示の仕方それ自体が、また議論の的となった。

政治的な誤謬と反‐ヨーロッパ的思考

たとえば、ジャン＝フランソワ・リオタールは、この問題を論じる際にはつぎの四つの規則を守るべきだと言っている（『ハイデガーと「ユダヤ人」』本間邦雄訳、藤原書店、一九九二年）。

第一に、ハイデガー思想の重要性をまず認めること。第二に、ハイデガーのナチス加担はいまやほぼ明らかであり、これをはっきり認めること。第三に、以上二つの事実のうちの片方を、もう片方によって相対化したり、ぼかしたりしないこと。第四に、この二つを確認したのち、ハイデガーでは両者が分裂している、といった紋切り型の判断で終わりにしないこと。

まず妥当な意見だと思うが、わたしの考えでは、これはつまり、つぎのような原則として理解されるのがいいと思う。

一つは、哲学（思想）それ自体の擁護のためにハイデガーが擁護されてはならないということだが、これは言わずもがなのことだろう。もう一つは、ナチズム＝ハイデガー＝ハイデガー派（ハイデガー的なもの）＝「禍々しいもの」といった、暗黙の世論の力学を前提としてはならないこと。そして最後に、これが最も重要だが、むしろ逆に、ナチズム＝ユダヤ人問題という思想的アキレス腱を〝打ち消そう〟とする動機からなされるハイデガー思想の批判があってはならないということ（わたしはむしろ『ハイデガーと「ユダヤ人」』にその傾向があると思うが、それについては後述する）。

さて、反デリダ＝ハイデガー派の攻撃に対して、デリダは『精神について――ハイデッガーと問い』（港道隆訳、平凡社ライブラリー、二〇一〇年）というハイデガー論を書く。またデリダ派と目されるフィリップ・ラクー＝ラバルトのハイデガー論『政治という虚構――ハイデガー　芸術そして政治』（浅利誠・大谷尚文訳、藤原書店、一九九二年）なども話題になった。また、この二著に加えていま引いたリオタールの『ハイデガーと「ユダヤ人」』も、一連のハイデガー問題をめぐって現われたもう一つの重要な著作と言えるだろう。これらにも少し触れておこう。

デリダやラクー＝ラバルトにとくに共通するのは、見てきたようなハイデガー＝「禍々しいもの」という政治力学の中でハイデガーを扱うこと自体が思想の頽廃である、という態度である。両者の仕事は、ともにハイデガーを一面で評価しつつこれを内在的に批判するという形をとっている。つまり、そういう思想の態度によって、センセーショナルな「ハイデガー批判」への反批判を置いていると考えていい。

デリダの論の中心点は、ハイデガーの「精神（Geist）」という語の分析を通してハイデガー哲学の両義性をつかみだす点にある。たとえば「総長就任講演」における「精神」という語について検討しながら、ハイデガーは「ナチズムを精神化する危険を冒すことによって」、「ナチズムを償い、救出せんとしたのかもしれない」とデリダは言う。つまりこの語は、一面で、ナチ公認の「大地と血」といった非‐精神的イデオロギーや、「自然主義的、生物学的、人種的なイデオロギー」への対抗の意味をもっていた、と。しかしもう一方で、ハイデガーの「精神」は、ハイデガー自身の教説にもかかわらず、むしろヨーロッパ中心主義に加担している面がある。これがデリダの論の大きな主張である。

ラクー＝ラバルトの論は、ハイデガーのヘルダーリン論や芸術論に狙いを定めたもので、その論旨はそうとう複雑だ。ただ大きな要点はデリダと共通するものがある。ハイデガーのギリシャ的なピュシスやテクネーの思考は、たしかに、政治的に「ナチズム」に接近すべき必然性をもっていた。しかし後期の芸術論などを検討すると、現実のナチズムが、マルクス主義やアメリカニズムと並んで、近代の主体主義や技術主義（これはニヒリズムにつながる）へと〝頽落〟していることに対する批判になっている面がある――。

デリダやラクー＝ラバルトの論の共通点を言えば、一方でハイデガーの政治的な誤謬を批判しながらも、もう一方で、後期ハイデガーにおける反‐理性主義、反‐主体主義、反‐技術主義、反‐ヨーロッパ中心主義などに、現代ヨーロッパ社会の行き詰まりを打開する可能性を見ている、という点にあるように思える。

二つの大戦は、結局ヨーロッパの国民国家の極度の侵略性を露わにした。しかし、これに対抗するべく現われた二つの主要な政治思想、マルクス主義とファシズムもまた、ハンナ・アレントの言うおぞましい「全体主義」としてその本質を露呈した。こうして、それまでのヨーロッパ中心的な思想の一切を〝解体〟(脱構築)し、近代から二〇世紀にいたるヨーロッパのすべてを乗り超える思想の可能性を見出すことが重要な課題となる。ハイデガーの反ヨーロッパ的思考が、フランスのポスト構造主義思想に通底するこのようなモチーフに深い影響を与えていることは疑えない。

リオタールの批判

リオタールの『ハイデガーと「ユダヤ人」』でも、この基本の構えは変わらない。しかし、この著作の力点は、「ユダヤ人問題」を起点として正面からハイデガーを批判するところにあり、ある意味で現代思想におけるハイデガー問題のあり方をよく象徴している。

彼の論の力点をいくつかにまとめてみよう。

①まず彼は、ヨーロッパにおいて「ユダヤ人」(象徴的な意味だが、と断っているが)とは何か、という問いをたてる。その答えはすこし面倒だが、ポストモダン的な〈主体と他者における排除と中心化の弁証法〉の図式を念頭におけば、そう理解しにくくない。「ユダヤ人」とはヨーロッパがその「主体性」を確立する上で、その外側へ〝排除したも

の〟の象徴である。じつはヨーロッパ的「主体」は、この「他者」の排除のみならず、その排除の事実の「忘却」によって完成する。そのことによってそれは「記憶されないもの」となるが、しかしまたそれは、いわばフロイトの言う「原抑圧」のようにけっして意識されず記憶にも残らないにもかかわらず、そのような忘却の事実自体を示唆するものとして存在することになる。「ユダヤ人」は、ヨーロッパの主体性にとって、そのような排除と隠蔽と忘却の事実をどこかで〝ほのめかすもの〟として存在意味をもつ。

②ナチズムのユダヤ人「殲滅」は、そのような隠された（無意識的な）動機によって支えられていた可能性がある。ヨーロッパ的「主体性」は、この「忘却されたもの」の不穏な証人であり、けっして秩序に対して調和的たりえないものである「ユダヤ人」に、潜在的な殺意をもっていると象徴的に言える。

③ハイデガーはヨーロッパ人の「存在忘却」を言う。しかし、さらに本質的なのは、この「他者」の抹殺についてのたえざる「忘却」であるはずだ。ハイデガーは人間を共存在として描いたが、この共存在は結局「共同体」の秩序へと回収されるものにすぎず、そうである以上、彼がヨーロッパと「ユダヤ人」の根源関係を忘却したことには、思想的な必然性があった。「ユダヤ人」とは、いわば「忘却されたものがある」ということを思い起こさせる「他者」であり、これはヨーロッパの「主体性」、「中心性」、「共同化」、「支配」等々の形而上学に抵抗しうる重要な契機である。だからこそ、この「他者」はハイデガーにとって忘れ去られる理由があった——。

心理的に打ち消せるだけ

さて、リオタールの論はもっともハイデガーに批判的だが、全体としてはいかにもポストモダン的図式性が強い。わたしの考えでは、ここでは、ナチズム＝ユダヤ人問題というヨーロッパ思想における〝恥部〟あるいは〝アキレス腱〟を打ち消そうとする動機が強く出すぎているように思える。

というのは、ここで「ユダヤ人」は、「主体」、「理性」、「中心性」、「秩序」などの概念に象徴される「悪しきヨーロッパ性」に抗い、これを〝解体〟（＝脱構築）するような役割を負わせられているからである。しかし、わたしの見るところ、これはたとえば日本の良心的な知識人が、在日朝鮮人（韓国人）やアイヌの存在を、「日本的なもの」を解体しうる力の象徴と考えるのと、まったく同形の考え方なのである。

こういう場合、わたしたちは、いつでもまず、「ユダヤ人」や「在日」や「アイヌ」に対する罪障感を埋め合わせようという無意識裡の〝動機〟が、思想の現実的な課題を追い越してしまっていないか、よく吟味する必要があると思う。

「ヨーロッパ」や「日本」は支配する共同体であり、「ユダヤ人」や「在日」や「アイヌ」は支配される共同体である。だから、「ユダヤ的なもの」、「在日的なもの」の核には、支配的な共同体に根本的に対抗し、これを打ち破るような原理が孕まれているはずだ——。これはしばしば目にする論理だが、しかしこのような論理は、あまりに素朴かつロマンティックな論理なのである。

わたしはたとえば「在日的なもの」が、「支配的な共同性」に対する反動性（リアクション）によって、かえってこれを裏返した対抗的な「共同性」を作ってしまう事情について、よく知っている。「支配されたもの」は、そのままでは必ずしも「支配するもの」を超え出る原理を持ちえないし、そこにつねに、支配されていることに対する強い〝打ち消し〟の意識が働くことをよく自覚できないと、ほとんどの場合、この原理を裏返しにして抱え込むことになるのである。

「支配する共同体」のうちにある善意の人間は、しばしば「支配されるもの」のうちに「支配する原理」を相対化するような可能性を夢想するわけだが、事情はそう単純ではない。問題は、「支配する原理」に対抗するような「他者」（＝支配されるもの）を捜し出すことではありえない。そのような思考は、一つの「主義」や「原理」をもう一つの対抗原理（主義）で〝相殺〟することでしかないからである。

肝心なのは、あくまでさまざまな共同体が、互いにその中心化をゆるめて共存しうるような条件をいかに見出していくかということ、つまり諸社会が自らの排除性や攻撃性を乗り超えうるその内在的な原理をいかに取り出していくかという課題なのである。支配のアイデンティティに、対抗的なアイデンティティを対置することは、これまでに生じた大きな〝悲惨〟を（この過誤を断罪し、告発することで）心理的に〝打ち消す〟ことができるだけなのである。

わたしが、「ユダヤ人」問題がヨーロッパ思想のアキレス腱になっており、したがって暗黙裡にその打ち消しに力点がかかると思想的に弱くなる、と言ったのはそういう意味だ。

永久的な〝原罪〟

もうひとつ言っておくと、わたしの見るところ、ハイデガーの「反‐形而上学」、「反‐ヨーロッパ主義」、「反‐近代技術」といった図式にも、イギリス、フランス、アメリカなどの「強者」に圧迫された「弱者」ドイツの、反‐支配的思考が隠されていると思う。そうだとすればこれも、一つの「支配原理」をその対抗原理によって〝打ち消そう〟とする思考の典型だと言えなくない。だが、このような対抗の思考は、ニーチェが繰り返し警告したように決して新しい原理を〝創造〟することができない。なぜならそれは、ある原理の価値の系列のひとつひとつに対抗的な価値を対置して、すべてをいわば打ち消して「ゼロ」にするが、それ以上を作り出す原理を内在的にはもたないからだ。

リオタールの、「ヨーロッパ的なもの」への対抗原理としての「ユダヤ人」という図式は、そういう意味でむしろ「ハイデガー的な思考」と同形性をもっているようにわたしは思う。たとえば彼は、やはりこのような図式から「殲滅」(ナチによる大量殺戮)の問題を見ている。

リオタールは、強制収容所におけるユダヤ人「殲滅」を何らかの形で「表象」することは、じつはこの出来事の根本的なおぞましさを隠蔽することになると主張する。そしてただ、実写フィルムなしに、関係者のインタビューによる証言だけで構成された、クロード・ランズマン監督の映画『ショアー』（一九八五年）だけが、いまのところこの安易な「表象」による〝出来事〟の隠蔽を免れていると言う。だが、この論議はいかにも屈折したものと言うほかない。

ユダヤ人「殲滅」という事態がいかにその他の多くの大量虐殺とは異なった本質をもつものか。これは近代人の人間性にかかわる大きな問題であり、優れた考察が待たれる重要なテーマの一つだと思う。しかし、そこでのおぞましさがあまりにひどくて〝表象不可能〟な側面をもつということと、その表象を〝禁じ手にする〟ということはまったく別問題だからである。

この表象の禁止は、それが安易な形で語られて固定化されてはならない、ということを一次的には意味するだろう。しかし、たとえばこの「殲滅」の事件についてさまざまに語られうるが、できるだけそれを深いかたちで捉えるための努力をする、ということがいつでも思想の課題なのである。その表象の〝禁止〟を要請することは、ユダヤ人問題をいわばヨーロッパ人にとって〝不可触な〟聖なる出来事として〝表象〟することにほかならず、そのことによって「ヨーロッパ的なもの」の永久的な〝原罪〟性を強調したいという暗々裏のモチーフがここに作用しているのである。

こういう思考は、おそらくヨーロッパ社会が抱える現実的な課題にとって、ただ「ヨーロッパ的なもの」に対する反動的な〝否定性〟だけを強化するような意味しかもたないだろう。つまり、それは、ユダヤ人問題のおぞましさを打ち消そうとするあまり、思想にとって核心的な課題を掘り進める方向へ向かうことができず、ただ、いかに「ヨーロッパ的なもの」の〝否認〟を強調できるかという衝動に負けてしまっているのである。

ハイデガー的な思考の本質と文法

じつは、リオタールだけでなく、前二者も含めてフランスのハイデガー論の総体的な文脈に、そのような懸念をわたしは持つ。つまり、そこではまず、「主体性」、「秩序」、「意志」、「理性」、「意識」、「同一」といった概念で象徴されるような、ヨーロッパ近代思想が築き上げてきた近代的な理念こそが、ヨーロッパの帝国主義戦争やそれへの対抗としての「ファシズム」や「スターリニズム」なども生み出した元凶である、という強い反省がある。そしてそこから、これらの観念にいかに〝対抗〟しうるか、またいかにこれを〝解体〟できるか、というモチーフが圧倒的に強くなっている。

そこで、彼らは総じて「反－理性」、「反－意識」、「反－ヨーロッパ」、「反－秩序」、「反－主体性」の観念を強調し、そのことで前者の観念の系列を相対化しようとするのである。だが、いま見たように、この思考は、しばしば、「ヨーロッパ的近代」に対する対抗的〝打ち消し〟の側面が強く現われすぎ、その内在的な乗り超えの原理を見出すという方向に向いていないように思える。

彼らは、いずれもハイデガーの内在的な乗り超えをめざす。しかし、むしろその思考は基本的に「ハイデガー的なもの」の圏内にあるように感じられる。その理由はいくつかある。ひとつは、いま見たように、「ヨーロッパ的なもの」に「反ヨーロッパ的なもの」を対置することでこれを〝解体〟（＝脱構築）するという基本図式だが、わたしの考えでは、まさしくそのような発想が、「ハイデガー的な思考」に内属的なものだからである。

もうひとつ。彼らの論述のスタイルが、ハイデガーによって〝創始〟された論述のスタイルをほとんど無意識のうちに踏襲しているということ。たとえば、ハイデガーの（とくに後期の）論述のスタイルの特質を列記するとこんなふうになる。

①新しい術語群を、できるだけ多くそれまでの支配的観念に対抗するかたちで立てる。

②これをさまざまな過去の哲学的文脈と横断的に（つまり恣意的に）結びつけることで、いわばその歴史的傍証性を最大限に動員する。

③たとえば、「存在－存在者」、「真理－隠蔽」、「本来性－非本来性」といった具合に、これらの術語の抽象性を生かして、議論をできるだけ二項対立的枠組みとしてくみ上げ、一方を批判すべきもの、もう一方を価値あるものとして描き、この作業を膨大な量に積み上げる。

④そのことによって、諸観念が二つの陣営に大別されるような「世界」の表象を作り上げ、読者の脳裏にそれを（ほとんど無意識的力として）刻印すること、等々。

現在、ラカン、デリダ、ドゥルーズ、リオタールなど、その他大勢のフランス思想の基本の〝文法〟がじつはこれとほぼ近似したものになっている。それはつまり、彼らが「ハイデガー的な思考」にわれ知らず「ハイデガー的な思考」で対抗してしまっているということであり、そのことで、それは「ハイデガー的なもの」に敗北していると言えなくない。

わたしはあとで、稀な例外として、エマニュエル・レヴィナスによるハイデガー批判を検討するが、レヴィナスがある部分でハイデガー的〝文法〟に巻き込まれながら、その中に溺れこんでいないのは、彼が単なる対抗概念によってハイデガーを超えようとするのではなく、自分なりの実存論的な方法をハイデガーの方法に対置しえているからだと思える。

危機に瀕した「私」の実存の意識を救済する可能性

ともあれ、ハイデガー哲学は、実存思想と苦悩に「意味」を与える救済の思想および社会批判を緊密に結びつけることで、二〇世紀半ばのヨーロッパに影響を与える思想たりえた。しかし、その思想の範型が、本質的に、ファシズムやスターリニズムを超え出る可能性を持っているかどうか、大きな疑問がある。というのも、ファシズムやスターリニズムの理念が、まさしく〈ここに恐るべき悲惨と矛盾があり、またここにこの悲惨を超え出るための絶対的な「真理」がある、そうである以上これに加担しない人間は、真理と善に背を向けた、自己中心的で堕落（頽落）した人間だ、「ほんとう」の生き方はここにしかない〉といった範型を持っているからである。

だが、それにもかかわらず、このハイデガーの思想がヨーロッパの知識人たちを激しく魅了した理由も存在する。たとえば、笠井潔は「日本の二〇世紀精神」（『黙示録的情熱と死』作品社、一九九四年所収）で、これについてつぎのような説を述べている。

ハイデガーの実存思想の背後には、第一次大戦における大量死の戦争の経験があった。この大量死とそれにともなう無意味な「死」という経験は人類が初めて出会ったものであり、その最大のメルクマールは、個人と社会の自明な連続性を保証していた一九世紀的な個人の理念を崩壊させたことにある。ハイデガーの「死の哲学」は、そのような意味で危機に瀕した「私」の実存の意識を救済する可能性を示したのであり、そのことで、多くの若者の共感をかち得た、と。

笠井によれば、二〇世紀のはじめに世界が経験したのは、一九世紀的精神の崩壊という事態、つまり個人と社会の関係についての自明の確信が壊れたという事態だったが、ハイデガーはここに現われた「空虚な実存の意識」を救済する役割を果たした。あの「頽落」というキーワードには、先の見えない不安定な時代の中で「生の意味の空虚」を抱えながら一時の繁栄と歓楽を求める、ワイマール期の大衆社会への批判がある。近代国家の矛盾が激発し、しかも社会の新しい展望が見えない不安の中で、多くの青年は自分の存在を意味づけてくれる哲学を求めた。つまり、「死への先駆」という観念は、「生の意味の空虚」に怯えた個人にとって、共同体とつながる「死」というイメージによって自己存在を意味づけてくれる役割を果たしたのだ、と。

二〇世紀の四つの課題

この指摘は適切なものだと思う。とくにハイデガーの後期思想は、大戦後の不安定と虚無感の中にあった人々の無意識裡の要求にフィットしたと言える。つまり合理的理性の否認（気分の重視）、理性主義的傲慢への反省（存在それ自身の声に聴き従う）、反‐人間中心主義（反‐ヒューマニズム）、極端な機械化や技術文明への嫌悪（反‐近代技術）。これらは戦前の日本に登場した言葉を使えば、総じて「近代の超克」という考え方を象徴するだろう。ハイデガーの後期思想が、よく見ると奇妙なほど実質的な論証を欠いているにもかかわらず、人々に甚大な影響を与えることができた理由は、やはりそういった時代の背景をとり払ってはは考えにくいのである。

笠井はこう書いている。

ハイデガーとナチズムをめぐる主題はナチズムに、あるいはスターリニズムに、そしてアメリカニズムに帰結した二〇世紀的な必然性を、そうした疑似的な解決策の失効を確認しながら、どのように正面から思考しうるのかという問題圏において問われるのでなければ、ほとんど今日的な意義などもちえないだろう。ハイデガー論争における弁護論も批判論も、そのほとんどが的外れなものに感じられてしまう。ハイデガーがナチであり、その哲学がナチズムの意味を照射しうるものだからこそ、わたしはハイデガー哲

学に今日的な意味がありうるのだと考えざるをえない。(『黙示録的情熱と死』七六頁)

ハイデガーの哲学は、ヨーロッパ現代思想の弱点、ナチズム＝ユダヤ人問題への〝後ろめたさ〟を引きずりながら、多くの衒学的な哲学者たちのスコラ論議によって、二〇世紀西洋史の呪われた亡霊として長く生き延びてきた。しかし、なにより重要なのは、そこに、笠井の言う悪しき「二〇世紀的な必然性」を乗り超えうる可能性があるのか、ないのか、ということだろう。

二〇世紀における思想のもっとも重要な課題は、わたしの考えでは大体つぎのようになる。

まず第一に正義と理想を掲げる思想が犯した観念的テロリズムの問題(2)、第二に帝国主義、植民地主義といった資本制＝近代国民国家が生み出した社会矛盾の問題、第三に共同体間の対立的原理をどう乗り超えるかという問題、そして第四にいかに神なき時代のニヒリズムを超え出るかという問題。おそらく「ナチズム」や「スターリニズム」という現象には、これら二〇世紀の思想が抱え込んだ困難のすべてが集約的に表現されているのである。

ハイデガー思想の核心が「ナチズム」や「スターリニズム」を超ええないものなら、それはもはやはっきりと乗り超えられるべきものであるし、またそこに二〇世紀的な思想の課題を超え出る可能性が潜んでいるなら、なによりそれが適切に取り出されなくてはならないのだ。

そのために、わたしは、『ハイデガーとナチズム』が投じたフランスでのハイデガー問題から一旦離れて、もう一度ハイデガー思想の全体像を振り返り、その思想の核心点を明確にすることを試みたい。

2　ハイデガー「存在」論の意義

第一の問い

ハイデガーは『形而上学入門』でこう言っていた。「『なぜ一体、存在者があるのか、そして、むしろ無があるのでないのか？』――これは明らかにすべての問いの中で第一の問いである」と。だが、なぜこの問いが「明らかに」一切の問いの中の「第一の問い」と言えるのか。言い換えると、「最も根源の問い」だと言えるのか。この問題を通して、わたしはハイデガー「存在論」の意義をもう一度確かめなおしてみよう。

このような存在の問いは、現代の科学的、合理的思考からは、明確な答えをもたず、したがって問うこと自体が無意味な問いだとされるかもしれない。しかし少し哲学好きな人なら、この問いが、つまり、〝存在それ自身への驚き〟という内実をもっていることを知っているはずだ。

「なぜ一体、存在者があるのか、そして、むしろ無があるのでないのか？」これは字義どおりには、なぜ世界や宇宙が存在するのか、なぜそもそも存在者が存在するのか、という問いである。しかし、この問いを支えている根本的なモチーフは、おそらく、「自分がこの世界に生を享けて在ることの絶対的な偶然性、偶有性、そしてその不可解さ」への深い戦慄であるに違いない。そしてそれは、たとえば、「自分が自分であること」についての論理的なパラドクス（独我論のパラドクス）として表現されたり、一体事物が存在するとは何かとか、霊魂は不滅か、といったさまざまな「存在問題」へと変奏されることになるのである。

ところでハイデガーはこの問いが単純な問いではないことを示した上で、この「存在」の問いに対して、もっぱら「いかにあるか」を実証的、客観主義的に答えようとする伝統的な存在論を否定し、「存在的」にではなくて「存在論的」に答えよ、と強調した。つまり「存在論的差異」を強調した。これは一体どういうことだろうか。

たとえば、すでにライプニッツが、「事物の根本的起原」という論の中で、この「なぜ存在者があり、無があるのでないのか」という問いを立てている。彼はこう答える。人がもし「世界の存在」の理由をとことん考え詰めるなら、誰でも、世界には究極的な支配者が存在すると考えるほかないことに気づくだろう、と。

なぜなら、次の状態が先だつ状態からなんらかの仕方で（略）表わされるからである。こうしてみれば、先だつ状態へどのようにさかのぼってみても、世界がなぜ（実在しないよりも）むしろ実在するか、またなぜこのようになっているかという、十分な理由を諸状態のうちに見いだすことはないであろう。（「小品集」清水富雄訳、下村寅太郎責任

編集『スピノザ　ライプニッツ』（「世界の名著」30）、中央公論社（中公バックス）、一九八〇年、四九五―四九六頁）

「なぜ存在があるのか」、つまり「なぜ世界はかく存在するのか」。それを問おうとすれば、「先だつ状態」へと時間をさかのぼるほかない。しかし、するとそこから、「いまある状態」の理由をすべて説明するような起源の状態に達することは不可能だということに気づくはずだ。だから、われわれは「神」の存在を想定しないわけにはいかない。ライプニッツが言うのはそういうことだ。

カントも似たことを言っているが（カントは、だから世界の全体存在の究極原因については、人間はこれを知ることができない、とする）、じつはこれが伝統的な哲学の「存在的」な問い方の見本である。どこが「存在的」かと言うと、ものごとの理由、原因、根拠を問うのに、これを事実的な因果を追いつめることで問おうとするという点である。これはもちろん、近代科学の考え方も同じである。「存在的」に問うとは、ものごとの理由や根拠を、事実的、実証的な原因結果の系として問うことを意味する。

「意味」の連関として答える仕方

それでは、これを「存在論的」に問うとはどういうことか。

つまり、この問いに、「事実的、実証的な因果」としてではなく答える、そのような仕方があるのか。たしかにある。それは、この問いに、「意味の連関」として答えるという仕方にほかならない。

「なぜ一体、存在者があって、むしろ無があるのでないのか」。この問いに事実の因果として答えることは原理的に不可能である。しかし、この問いの「意味」するところをつかみ、それに答えることは可能である。つまりわたしたちは、なぜこのような問いが発されるのかと問い、この問いが発されたその最も深いモチーフ（動機）に対して答えることはできる。「存在論的」に問うとは、要するにそれ以外のことではありえないのだ。

　したがって、この問いが存在論的に問われたとき、つぎのような系列の問いを形成することになる。「なぜ世界が存在するのか」、「どういう理由で私はこの世界のうちに在るのか」、また「なぜ私はほかの誰でもないこの私なのか」、そしてまた「世界が存在することの意味、あるいは私がこの世界に存在することの意味は何なのか」――。これらの問いは、その本質が同じであるから、けっして別々のものではありえない。それはまた、そもそも「存在」とは何か、またそもそも「意味」とは何かといった問いを誘い出すだろう。

　これらの問いは、「世界の存在と自分の存在」についての驚きと戦慄から現われているわけだが、これを形式論理的に考えると、ライプニッツのような「存在的」な問いに形を変えてしまう。しかし、もともとそれは「存在の意味」への問いであって、それが問いの本来の動機である。つまり、この問いの本質は「存在の事実」に対する問いではなく、「存在の意味」に対する問いであり、このことを深く自覚した者だけがこれを「存在論的」に問うという発想をつかみうるのである。

ソクラテス、プラトン、ニーチェ

ところで、ハイデガーは、『存在と時間』で、自分がこの深遠な問いの根底に触れた最初の哲学者だというような言い方をしている。しかし、哲学史上、この問題の核心に触れた哲学者は幾人かいるとわたしは思う。ソクラテス（それを継いだプラトン）、ニーチェ、キルケゴール、フッサールなどである。

とくにソクラテス＝プラトンと、ニーチェの思考はそれを鮮やかに示している。

現代思想においては、ソクラテス＝プラトンは、悪しき「イデア論」的（超越的な理念の）思考の創始者として評判が悪い。だが、わたしの考えでは、ソクラテスが世界の原理は「ヌース（知性）」である、つまり「世界はいかにあるのが最善か」という原理によって秩序づけられている、と言ったとき、彼はそれまで存在的なかたちで問われていたギリシャ哲学の存在問題を、存在論的なテーマに書き換えたのである。

たしかにプラトンの「イデア説」はいまから見ると奇妙な説に見えるかもしれない。しかし、その思想的直観の核心は、「価値」（真・善・美）こそが世界の秩序の「原理」であって、「事実の因果」がその原理なのではない、という点にあった。要するに、彼らは、「存在」を〈事実の因果〉の問題として考えることをエポケー（停止）し、これを徹底的に〈意味の連関〉として問いなおしたのだと言える。

ニーチェもまたそのような思考の転換を行った。彼の「力」の思想については前の章で紹介したのでくわしくは繰り返さないが、「力への意志」とは、ちょうど「ヌース」がそうであったように、世界に秩序を与える原理であり、ニーチェはこれを、しばしば「力の感情」、「生命の高揚感」、「陶酔」、「恍惚」といった言葉で表現した。

わたしの言い方では、事物存在の「存在性」を、ソクラテスは「真・善・美」から説明したが、同様にニーチェはこれを「エロス性」（＝力の感情、生命の高揚感、陶酔、恍惚、等々）から説明したのである。これをわたしはすでに、欲望相関性の観点として示しておいた。

繰り返して言うと、あの根本的な「存在の問い」に対して、人は二通りの答え方しかできない。〈事実のレベル〉で答えるか、〈意味のレベル〉で答えるか、である。これを〈事実のレベル〉で答えようとすると、「神が宇宙（世界）を創った」といった〝物語〟（＝オトギ話）によって答えるか、あるいは不可知論によってしか答えることができない。だが、この問いを〈意味のレベル〉で考えれば、それは必ず、個の実存と「世界」との間の絶対的な関係へといったん還元されることになるのだ。

つまり、「私がたまたまどういう理由でかこの世に存在すること」、「私の生がけっして他人の生と交換しえないこと」、「どんな人間もある意味で自分自身の実存（おそらく一度だけの）に閉じられていること」、これらのことは（自分の生にとって）いったいどういう意味をもっているのか。このような形に変換されたときだけ、この問いは有意味なものとなる。

というよりじつは、ここにこそ「なにゆえ、無があるのでなくて存在があるのか」という問いの核心があったのだ。

ハイデガーの可能性

さて、ハイデガーが『存在と時間』で行ったのは、まさしくこのような意味で、「存在の問い」を〈意味のレベル〉で追い詰めるという作業だった。見てきたように、それは基本的にはニーチェの欲望相関的観点、フッサールの現象学的方法を継いでいた。しかし、ハイデガーの独自性も明らかである。

たとえばハイデガーは『形而上学入門』で、「存在と生成」、「存在と仮象」、「存在と思考」、「存在と当為」という四つの従来の「存在」の問いの形式について論じている。彼が言うのは、「存在」の問いは、その根本の動機をつかまないと、このような形式的な問いになり、中世のスコラ哲学や近代哲学がそうであったように、そこに生じるさまざまな論理的パラドクスを処理することだけに終始することになる、ということだ。ハイデガーはこれを人間の存在原理の問題として置きなおし、「現」、「内存在」、「気遣い」といった術語の系列を創出して、見事にこれを人間の実存における生の意味の秩序の問題へと編み換えたのである。

わたしは、人間の探究の学として、このようなハイデガーの仕事の功績はこの上なく大きいものだと思う。その要点は、まず平均的な日常における人間のあり方を考察の対象としたこと、ふつうの人間の内にある「存在了解」を追い詰めていくという現象学的方法。「現」の最も基本的な本質契機を「気分」（情状性）におくことで、意識論的、認識論的な文脈（ヘーゲルやフッサール）をはじめて変換したこと、などである。そして、この問題設定と方法の設定こそ、わたしの考えでは、ハイデガー哲学の意義と可能性の核心点だと思う。

3　「転回」と「頽落」について

「転回」のメルクマール

さて、しかし、見てきたように、『存在と時間』以降、ハイデガーの存在思想は、きわめて難解で謎めいた調子を帯びたものになっていく。ここで、わたしは、ハイデガーの「転回」の意味について吟味してみなければならない。

まず、『存在と時間』でハイデガーが導いた実存論の中心軸をもういちど振り返ると、ほぼつぎのように整理できる。

①人間の実存は個的な実存ではなく、根源的に共存在（共にある実存）である。
②平均的人間が「頽落」しつつ生きているのは、死の不安を隠蔽しているからである。
③このことの自覚だけが、「本来的」な実存を可能にする。
④人間は自らを時間化しつつ存在するような存在だから、本来的な実存がさらに「全体

性」を獲得するための条件は、時代や歴史の中での自分の存在の「本来性」を自覚することである。

⑤人間の全体的かつ本来的な実存は、したがって、歴史の中での「善きこと」の必然性を自覚しつつ、しかも共存在として（共同体、民族の一員として）、その「善きこと」の「ありうる」をめがけて生きることである――。

ここから「転回」がはじまる。

わたしの見るところ、この「転回」の最大のメルクマールは、「存在」問題を「存在論的」に変更することを可能にした、あの〝ソクラテス＝ニーチェ的な観点〟を、何らかの理由で、自らの体系から脱色し、切り落とすことにあった。

たとえば、ハイデガーは『ヒューマニズムについて』のなかで、自分の「転回」についてこう語っている。[3]『存在と時間』における「企投」の概念には主観性を重視するニュアンスがあり、この問題をうまく解くために『存在と時間』での形而上学的用語では無理だと思えたので、これを続行することを諦めたのだ、と。

従来的なものに助けを求めていた

つまり、『存在と時間』における存在論の提示では、「人間」、「主体」、「主観」を重視するニュアンスが強すぎる。これを徹底的に排除するために『存在と時間』第三篇を断念して、後期の新しい術語での論の組み替えをねらった、というのである。

この点については、『ニーチェ』にもほとんど同じ趣旨の発言がある。象徴的な箇所なので、少し長くなるが引いてみよう。

《存在と時間》という論考においては、（略）人間の本質を存在への人間の関与から、そしてひたすらこの関与のみから規定しようと試みている。この人間の本質は、そこでは明確に画定された意味で現＝存在（Da-sein）と表示されている。それと同時に（略）いっそう根源的な真理概念を展開しておいたにもかかわらず、この問題設定への最初の理解なりとも喚起することは、（その後の一三年間というもの）ついに成功しなかった。この無理解の理由は、ひとつには近世的思惟様式への抜きがたく強化する習慣化にある。人間は主体として思惟され、人間へのすべての省察は人間学として受けとられる。しかしその無理解の一半の理由は、第二に、あの試みそのものに含まれている。なぜならあの試みは、思うになにがしかは歴史的に育ってきたものであって、（略）従来的なものの中から由来しながらもそこから脱却しようと苦闘し、（略）それどころかまったく異なる消息を告げようとしながらも従来的なものに助けを求めていたからである。それに何よりも、この道は或る決定的な個所でとぎれてしまった。この中断は、はじめに切り拓かれた道と試みがその本意に反して、あらためて主体性の強化になるにすぎないという危険に陥り、その試みそのものが決定的な歩みを――すなわち、それらの歩みの本質的遂行のゆきとどいた叙述を——妨げるようになったことにもとづいている。（細谷貞雄訳、『選集』㉕四三一—四三二頁。「現＝存在」、「問題設定」以外の傍点は引用者）

ハイデガーはこう言っている。自分は『存在と時間』で「存在の問い」の核心点をきちんと提示したつもりだが、それは結局正しく受け取られなかった。その理由は、一つは読者が「存在」を「存在的」に考えようとする従来の思考をうまく振り払えなかったからだ。しかし、もう一つは、『存在と時間』の中にまだ「従来的な考え方」が残っていたからである。そして、それは『存在と時間』の中断の大きな原因の一つでもあった。つまり「従来的なもの」をしっかり殺さないで進むと、自分の本来のモチーフを歪める可能性が大いにあったのだ、と。

ここが「転回」のツボである。ハイデガーがここで言っている「従来的なもの」とは何だろうか。わたしの考えでは、それは「存在」問題についてのソクラテス＝ニーチェ的な思考、あの実存論的＝欲望相関的な観点にほかならない。見てきたように、ソクラテス＝ニーチェ的な思考の要諦は、「価値」の原理を「存在」の原理の根拠としておくことである。ハイデガーは、『存在と時間』においてそれを、存在者（事物）の実存論的な「存在解釈」として敷衍したのだが、示唆したようにおそらく彼がこれを問題の形として直接受け取ったのは、フッサールからである。

ハイデガーはこの欲望相関的な観点によって、『存在と時間』における「現」の分析を遂行したのだが、この観点がなければ、「存在」問題は、たとえば、ノミナリズムと普遍性の問題、本質と現象、存在と当為といった問題の論理形式性をけっして打ち破ることができなかっただろう。

問題の鍵を握る「頽落」の概念

ところがハイデガーは、『存在と時間』におけるこの決定的観点を、「転回」を契機に消し去ろうとする。『存在と時間』では「存在」はあくまで人間存在の存在了解のうちにあった。たとえば、

だが存在は、存在了解内容といったようなものがその存在に属している存在者の了解のうちでのみ「存在している」。［第39節］（傍点引用者）

しかし後期では、むしろ「存在」が「現存在」を与えるのだと言われる。

《存在と時間》は《ただ現存在が存在する限りでのみ、存在がある（es gibt Sein)》とはいわれていないのでしょうか。もちろんそういわれています。それは、存在の明るみが生ずる限りでのみ、存在が人間に委ねられていることを意味します。だが、《Da

(現)》、すなわち存在そのものの真理としての明るみが生ずるということは、存在そのものを贈ること(die Schickung)なのです。(佐々木一義訳、『選集』㉓五三―五四頁)

ニーチェ的な欲望相関性の観点が意味するのは、そもそも何かが「存在する」とは、ある「生」にとって、つまりその生の身体、欲望、関心、配慮、エロスにとって何ものかが存在する、ということである。そして、それ以外の存在原理は一切認めないということだ。だからこそそれは、実存論の原理的方法となりうる。

ところが、『ニーチェ』で見たように、ハイデガーは「転回」においてまさしくこの観点を、「従来的な考え方」として、つまりハイデガー哲学を「主体性の強化」へ導く危険を孕むものとして、否定するのである。その理由はなんだろうか。わたしは、この問題の鍵を握るのは「頽落」の概念だと思う。

「頽落」の概念は、「世人」の実存構造の一契機として登場した。もう一度確認してみよう。まずハイデガーは人間の「現」の存在本質を、「情状性」、「了解」、「語り」という形で取り出したが、この分析の核心点は二つある。

①まず、人間存在を、つねにすでに世界に対して何らかの気遣い‐関心‐欲望としての存在として、したがって、時間的な存在として解明したこと。これは、フッサールの現象

学的還元の方法を、さらに欲望相関的な観点へ押し進めたことを意味する。
②つぎに、こちらが決定的に大事だが、この実存の分析を通して、人間存在を、本質的な共存在として示したこと。ただし、人間は「本質的に共存在である」と言うときの内実が重要である。

繰り返して言えば、ただ「人間存在は社会的存在である」ことを指摘するだけでは不十分である。肝心なのは、さらにそれを超えて、「人間存在は、本来その実存を、実存の『ほんとう』（＝真理）に向かって互いに開きあいうるような存在である」ということを哲学的に基礎づけることである。

つまり、ハイデガーの根本の狙いは、実存それ自体の構造の内側から、果たして人間存在の原理として「ほんとう」や「よい」の根拠づけを行うことが可能だろうか、という点にあったと思う。カントの道徳は明らかに哲学者の願望（人間よ、道徳的存在たれ！）であるし、ヘーゲルの倫理は、人間が社会的存在であることを前提にしている。ハイデガーの時代は、人間がその社会的な存在意味を喪失した時代であって、むしろ人間が社会や世界から切り離されて孤立している、という実感がある。それにもかかわらずその空虚な実存を意味づけうる原理があるだろうか。ここにハイデガー哲学の中心のモチーフがあった。

「物語」に近づく

こうして、ハイデガーはとくに「語り」の分析から、人間の存在本質が「他者との共存在としてあること」、またそのことは「人間が実存の本来性をめがけて相互に開かれていることを意味する」ということを強調する。そして、つぎに平均的日常における人間のあり方を「頽落」の相（「空談」、「好奇心」、「曖昧性」）において描く。

 「頽落」の概念は、このようなかたちで登場する。平均的日常における人間存在の「存在のあり方」は、したがって、その「本来性」を隠蔽し忘却している、ということになる。

わたしはハイデガーがやろうと意図したことは大変よく分かる気がする。「イカナルオトギ話ヲモ述ベナイ」。これはもともとは、人間の「ほんとう」の根拠づけを、これまでのように、「神」や「人間の尊厳」や「社会的存在」といった外側からの超越項によって行わないこと、を意味していたはずだ。ハイデガーは、実存論的分析を通して人間本質を共存在として描き出した。この共存在という本質の中に人間が「ほんとう」や「よい」をめがけるその根拠が取り出せるはずだ、そういう直観がハイデガーにはあったに違いない。

ところが、「頽落」という項目を投げ入れることによって、ハイデガーの分析は、つぎのような「物語（＝オトギ話）」に近づくのである。

人間は、本質的に「他者との共存在としてある」のだが、平均的日常においてはある理由でこの本来性から遠ざけられており、またこの本来性を忘却して「頽落」へと落ち込んでいる、と。ハイデガーがこのように言う場合の「本来性」が、どうみても実存構造の内側から導かれたものではなく、外側から与えられた裁定の基準であることは疑えないだろう。

われわれは、誰でも自分たちの現実生活のあり方がけっして理想的なものではないことを直観的に知っている。だから誰かが、われわれの生活は救いがたく頽落している、そのことはたとえば幼児の無垢な様子に打たれたりするときによく判るはずだ、と言えば、その言葉にそれなりの説得力を感じるだろう。しかし、これをそのまま哲学の論理として基礎づけることはけっしてできないのだ。

一つの「理想状態」を想定し、そこから現実を批判し裁定するという現実批判のあり方は、二〇世紀においてさまざまな理想主義的イデオロギー（スターリニズムとファシズムがその代表）として登場し、そしてたいてい恐ろしい悲惨を生み出すことになった。ニーチェは、この近代的な「正義」の信念のあり方に対して最大限の警告を与えていたが（「最大の危険は、善と義を主張する者のもとにある」『ツァラトゥストラ』）、ハイデガーの「頽落論」は、ある意味でこのような、「理想」によって人間の現実を〝否認〟するという観点の典型をなしていると言えるのである。

人間の生の自然な条件は、相互にからみあってさまざまな矛盾を作り出す。ここから、ひとはつねに何らかの「理想状態」を思い描くことになる。しかし、現実の矛盾はこの「理想」主義的批判によってはまず解決しえない。それはたいてい人間生活の〝自然な条件〟を無視するからである。

「頽落」概念が歪めた初発のモチーフ

わたしの考えでは、ハイデガーはここでまず、「人間が実存の〝ほんとう〟を交わし合う存在でありうる」ことの、可能性の原理の根拠づけを行うべきだったと思う。というのは、このことがその可能性の条件を導くための前提だからだ。

ハイデガーが人間を「共存在」として捉えたとき、そこに、人間が自己中心性を内在的に超える可能性の条件と、また人間どうしがその「実存のほんとう」を相互了解しうる可能性の条件を追い詰めるという課題が開かれていた。しかしハイデガーはこの課題を、人間は共に生きる「他者」たちと、その「実存のほんとう」を交換しあうべき存在であるのだが、それにもかかわらず何らかの理由でそうすることを怠って日常生活に埋没している（＝頽落している）、という〝存在解釈〟へと投げ込んでしまったのである。

これは誤解の余地がないと思うが、「人間どうしは、その〝ほんとう〟を通い合わせうる可能性をもっている」ということと、「人間どうし、必ず〝ほんとう〟の生き方について了解しあうべきだ」ということとは、ぜんぜん違うことである。人間の「自由の本質」にとって、前者を理論的に基礎づけることはこの上なく重要なことだが、後者を強弁することはむしろこれを否認することなのである。

現象学的な観点から言えば、この基礎づけは、つぎのような順序で行われる必要がある。まず平均的日常の人間存在から「現」の本質契機を取り出す。つぎに、平均的日常としての人間のあり方自体から、「ほんとう・よい・美しい」といった人間的価値の「本質契機」

を取り出す。このとき、重要なのは、「ほんとう・よい・美しい」といった人間的価値は、原理的にその「関係的」な本質を含んでいるということである。

つまり、ハイデガーは人間の「ほんとう」を、日常生活の「頽落」を超え出た場所に根拠づけたのだが、じつはそれは、「よい」や「美しい」と同様、普通の（日常の）人間関係のうちに内属する原理であり、したがって、いわば「頽落」のうちでの人間関係のそのつどの可能性として存在するはずのものなのである。

日常の人間関係において「ほんとう・よい・美しい」という価値が立ち上がってくる可能性は、まさしくそこで、人間同士が相互に了解しうる可能性にその根拠と条件をもっている。人間は「他者」たちと深く相互了解できる条件をもっているとき、いつでもその関係を「よい」もの、「美しい」ものにする可能性を持っていると言えるからである。もちろん、この「相互了解」にはさまざまなレベルがある。たとえば最低限のルールを守りあうという相互了解から、愛しあうという相互了解にいたるまで……。

ハイデガーの方法が人間探究の学の基礎づけとして画期的だったのは、何度も言う必要があるが、これまでの、神、道徳、人間の尊厳、歴史といったヨーロッパ哲学が設定した「超越的な根拠」をすべて取り払った上で、普通の人間の生活のあり方自体の中から人間的価値（「ほんとう・よい・美しい」）の必然性を根拠づけうる、と考えた点による。だからこそ、平均的日常の人間から、またその平均的存在了解から出発することに大きな意味があったのだ。

ところが、「頽落」の概念は、この初発のモチーフを歪めていると言うほかない。というのもそれは、実存の構造の内側だけから人間の「ほんとう」の可能性と普遍性を根拠づけるというモチーフを後退させ、むしろ人間が「ほんとう」を生きていないことの理由を歴史の構造の中に求める、という方向に、問題の中心を移してしまうからである。

ハイデガーの存在問題は、こうして、実存の内的構造から「価値」の原理を根拠づけるという観点から、なぜ人間社会において「頽落」の歴史が必然的なものとなったのか、という問いへと「転回」される。見てきたように、ここに、ソクラテス゠プラトンの「イデア」理念によってギリシャ的本源性が隠蔽されて「存在忘却の（頽落の）歴史」が開始された、という「物語」が要請されることになる。そして、そのような視点からは、あのソクラテス゠ニーチェ的な欲望相関的観点は、もはや邪魔者となるのである。

したがって、後期ハイデガーの「転回」は、『存在と時間』において「頽落」の概念がその現象学的方法と確執しつつせめぎあっていたとき、すでにその要因を抱え込んでいたと言わなくてはならない。

“神学的”な定型

これに関連して、カール・レーヴィットのつぎのような大変興味深い指摘がある。初期の教授資格論文「ドゥンス・スコトゥスの範疇論と意義論」の結びの章で、ハイデガーは、本来の哲学の精神は知りうるものごとの総体を超えて、真の現実と現実的な真理にまで至るものでなくてはならない、と主張していた。

そのためにはかつて中世のキリスト教的哲学にその方向づけを与えていたような、「超越的なもの」に拡がっていく魂の次元をあらためて擁護し、絶対的な神の精神と超越的な「魂の神に対する根源的関係」に根ざすことのない平面的な近代的生活態度とその「浮薄な拡がり」に対抗することが必要だという。――こころみに「真の現実」と「現実的な真理」を「存在の真理」と「真理の存在」と翻訳し、超越的なものに拡がってゆく「魂の生」の次元を「脱自的実存」と翻訳し、「神」を「存在」と翻訳し、そして今日の人間が「感性的世界の内容的拡がり」に「心を奪われている」ということを世界への頽落と存在の忘却と翻訳してみると、彼の教授資格論文の中にすでに後期のハイデッガーの姿を認めることができる。（『ハイデッガー――乏しき時代の思索者』杉田泰一・岡崎英輔訳、未来社、一九六八年、第一章原注、七四頁）

ハイデガーが『存在と時間』において、伝統的な「存在」問題の核心点を「実存の問題」へと編み換えたことは画期的な業績だったたし、そこには優れた哲学が例外なく持っている分析の独創性と徹底性がある。しかし、ハイデガーの試みの根底には、人間の「ほんとう」に対する〝神学的〟な希求のかたちが潜んでいたのである。

〈この世界では、人々は「魂」の本来あるべき状態から遠ざかり、浮薄な現実生活の中で人間の「真実」と生の「真理」を忘れ去っている。一体何がそのような魂の堕落（頽落）の根本の原因だろうか――〉。このような問題設定が〝神学的〟な定型であるのは言うまでもないが、まさしくこのモチーフが、ハイデガーの現象学的な実存分析に「頽落」の概念を忍び込ませた理由ではなかったろうか。

ハイデガーの直接の弟子であったハンス＝ゲオルク・ガダマーにも、非常に象徴的な証言がある。マールブルク大学に着任して間もないころ、神学者のエドゥアルト・トゥルンアイゼン（一八八八―一九七四年）がマールブルク神学者協会で講演したことがあり、出席していたハイデガーは締めくくりの発言としてこう言ったという。

「人を信仰へと呼びかけることができる、と同時に、人を信仰のうちにとどめておける、そのような言葉を探すことが神学の本来の仕事でありまして、神学はあらためてこの仕事に向かわねばなりません。」（「ハイデガーとマールブルク神学」丘澤静也訳、『現代思想』一九七九年九月臨時増刊「総特集　ハイデガー」）

そしてガダマーは、「転回」の後のハイデガーにおいては「現存在の本来性の問題から実存的な意味がそっくり消し去られ」、そのことによってまさしく、「人を信仰へと呼びかけ」つつ「人を信仰のうちにとどめて」おくような言葉の次元に接近している、と書いている。

さて、わたしたちが見たのはつぎのようなことだった。後期ハイデガーの「転回」は、その「頽落」概念に内在していた〝神学的〟モチーフと、ニーチェやフッサールから受け取った実存論的、欲望相関的観点との矛盾、確執が表面化したことを意味する。実存論的、欲望相関的観点は、あらゆる存在者の「存在」を人間の固有の実存の意味に還元する。それは要するに、人間の現実的な生以外の場所に、人間の「価値」の根拠や規範となるものをけっして立てないということなのである。

しかしこの構えでは、人をして何か超越的なもの、聖なる次元[4]への「信仰へと呼びかけ」、「信仰のうちにとどめておく」ことはできないとハイデガーは考えた。おそらくこの考えが、欲望相関的な「存在」概念から後期の難解で謎めいた〝神学的〟「存在」概念への「転回」を促したのである。

4　ハイデガーとの対決　レヴィナスとニーチェ――ヨーロッパ批判について

ヨーロッパ批判への深い影響

これと呼応するように、後期ハイデガーでは、反 - ヨーロッパ形而上学、反 - 人間主義（反 - ヒューマニズム）、反 - 近代技術、反 - 理性（論理）主義（ついでに反 - アメリカニズム、反 - ソビエト）といった、反文明論的性格が前面に強調されるようになる。繰り返し見てきたように、それはつぎのような全体の構図をもっている。

近代技術の基礎をなす「超感性的なもの」と「感性的なもの」の二元論（これは近代の心身二元論の言説でもある）。この「頽落」した二元論の起源となったプラトンのイデア論。このプラトン以来の「形而上学」を根拠とするヨーロッパ哲学。そこから生じた「主観－客観の一致」という誤った近代認識論。ギリシャ以前の本源性の喪失。そしてヨーロッパ文明全体を覆っている「存在忘却の歴史」。

このようなハイデガーの構図は、現代思想における近代主義批判、理性批判、ヨーロッパ批判の中に深い影響を与えている。ハイデガーは一面でナチズムに接近する要素を持っていた。しかし、もう一面で、現代思想における反－近代主義、反－理性主義、反－ヨーロッパ主義に甚大な影響を与えている。そこにハイデガー問題のやっかいな両義性が生じることになる。

つまり、ハイデガーに対する評価としてあえて言うなら、「もしハイデガーがナチズムと接近してさえいなければ、その近代批判やヨーロッパ批判はもっと、いわば晴天白日の重要性をもったろうに」といった気配があるのだ。だから、ハイデガーは現代思想にとって、一方でヨーロッパ的な過誤の象徴として批判されなくてはならず、もう一方ではまったく裏腹に、ヨーロッパ的なものに対する批判の重要な後ろ循となっているのである。

ニーチェの「ルサンチマン史観」とハイデガーの「存在忘却史観」

しかし、わたしの考えでは、ハイデガーのこのような近代批判、ヨーロッパ批判の文脈は、あの「頽落」論のモチーフから導かれたものであり、ここには新しい思想原理としての可能性はほとんどない。このことをはっきりさせるのは重要なことだと思えるので、そのためにわたしはここで、ハイデガー思想に根本的に対抗するような二つの思想のありようを読者に示してみたい。

一つはニーチェ。もう一つはレヴィナスである。

ハイデガーは「存在忘却」に由来する現代ヨーロッパのニヒリズムについて語っているが、そもそも「ヨーロッパのニヒリズム」をはじめに宣言したのはニーチェだった。

キリスト教をその典型とするヨーロッパの人間の理想は、官能の否認、此岸の否認、生の否認を特質とする。つまりデカダンスをその本質とする。そのことで人間は弱体化し、凡庸なものとなり、ますます貧血した理想を積み重ね、そのことが結局ヨーロッパのニヒリズムを必然的なものとする。その根本原因は何か。ヨーロッパの思想と哲学において、「ルサンチマン」が思想と理想の根底的な動機（モチーフ）になっているからだ。これがニーチェのヨーロッパ形而上学批判の大筋である。

後期ハイデガーの〝形而上学批判〟はどうだろうか。

ヨーロッパ人の存在は近代技術の「立て-組」へと挑発されており、また浮薄な大衆社会の「頽落」した日常性へと落ち込んでいる。機械論と無神論と享楽的生活のデカダンス、そして、そこから由来するニヒリズム。これが近代人の存在本質となっているが、その根本の理由はどこにあるか。あの「存在忘却」、「存在」の思考を忘れ、「存在の真理」を聴き従う態度を忘れた点にある。それはまた「イデア」の思考が「ピュシス」の根源性を隠蔽し、世界を「超感性的なもの」と「感性的なもの」へと分割したことに起因する。世界の一切を人間中心主義的に利用、挑発する近代の人間中心主義、自分の存在の本来を忘れてデカダンスへと魂を投げ入れる人間の生活態度は、ここにその起源を有する——。

これら二つのヨーロッパ文明の批判が、さまざまな点で酷似していることは誰にも分かるだろう。ニーチェは「ソクラテス以後のギリシア哲学者たちの出現はデカダンスの症候である」(『権力への意志』原佑訳、河出書房新社(「世界の大思想」Ⅱ-9)、一九七二年、一八九頁)と言い、ハイデガーは、プラトン、アリストテレス以来「形而上学(メタ・ピュシス)」が開始されたと説く。

ニーチェのヨーロッパ批判をひとことで「ルサンチマン史観」と呼ぶとすれば、ハイデガーのそれは「存在忘却史観」と言えるだろう。そして、ヨーロッパの精神史の総体をひとつの根源的過誤に由来するものとして描き出す、という枠組みそれ自体を、ハイデガーはニーチェから借りている。ギリシャ古典時代をモデルとして近代を撃つというやり方や、現代社会の必然的なニヒリズムを指摘すること、また、凡庸で浮薄な大衆(社会)への嫌悪や、精神的な貴族趣味(少しニュアンスはちがうが)においても両者は共通する。では、この一九世紀後半と二〇世紀初頭を代表する二人の哲学において、決定的に違う点は何だろうか。

ニーチェの場合、これらのヨーロッパ批判の全体を支えているのは「力の思想」である。わたしの見るところ、「力の思想」の要諦は、それが人間世界における「価値」一般の根本的な原理論であるという点にある。ニーチェは「快の感情」、「力の感情」、「官能性」をあらゆる人間的価値の源泉と見、そこから「よい・ほんとう・美しい・優れている」等々の諸価値がその変奏形態として現われる、と考えた。しかし、ニーチェによれば、問題はこの「よい・ほんとう・美しい」がその本源性から〃反転〃することだ。その最大の理由が「ルサンチマン」である。

「よい・ほんとう・美しい」といった人間的諸価値は、もともと「力の感情」、「官能性」、「恍惚」、「陶酔」の変奏形態だが、そこにルサンチマンが忍び込むことによって、この諸価値はその起源から反転し、〃顚倒〃したものとなる。キリスト教的あるいは近代哲学における「よい」や「ほんとう」は、人間の内的な官能、悦楽、陶酔を否認し、これを悪と見なす。そういう理由で、ヨーロッパの理想（ほんとう）はキリスト教を経由して〃反転した理想〃となった。それらは、人間の生の自然な「価値」の秩序を裏返したものとして成立している――。

さて、ハイデガーはどうか。もともとは「根源的な一」があった。しかしプラトン以降、形而上学的な存在解釈によって、世界は人間中心的「価値」観から見られた無機的自然と、理念的世界（超感性の世界）へ分割された。それは近代技術、近代の人間の生活全般に巨大な影響を及ぼしている。ところが、そのことに誰も気づいていない。なぜなら、そこに「存在忘却」があるから。また、それが気づかれたとしても、この「根源的な一」の世界は、それ自体として取り戻しうるというわけではない。「存在の真理」はいわば把握することも不可能だし、表象もされえない。それはただ人がそれを「回想」しようとつとめることによって、「存在」それ自身から贈り届けられる可能性があると言えるだけである――。

ところで、このようなハイデガーの「存在の真理」についての「物語」は、キリスト教における「恩寵」の観念に似ていないだろうか。つまりそれは、神の恵みについての深い知それ自身もまた、神が恵んだものであるという観念である。ハイデガーにおける、「存在の真理」とそれを了解するものとしての「現存在」の関係は、まったくそのような〝構造〟をしている。このような物語の仕組みの本質が、「真理」や「ほんとう」の根拠を、不可知なもの、人間の知や能力を超えたものとして「超越的な場所」に〝取っておく〟という点にあることは、誰でも分かるだろう。

ニーチェの全考察は、つまり人間の諸価値（ほんとう、よい、等々）をどのように根拠づけられるか、という問題にその核心をもっていた。しかし、ハイデガーの「物語」は、人間の「ほんとう」は「ほんとう」の声に聴き従おうとするその人間の態度にあるという同義反復に、「存在」問題の全体を回収してしまうのだ。そして重要なのは、まさしくそのことによって、ヨーロッパは形而上学と技術主義によって汚れ、人間の「魂」は堕落し、それに気づくものだけが「存在の真理」に触れうるという、ニーチェに言わせればキリスト教的な〝教説〟が必然的なものとして要請された、ということである。

二つのヨーロッパ批判

こう見てくると、この両者におけるヨーロッパ形而上学批判やヨーロッパ近代の批判は、一見酷似しているが内実としてはまったく対極的なものであることが分かるだろう。

ひとことで言うと、ハイデガーの「反 - ヨーロッパ」は、あの「理想状態」をモデルとして現実の〝堕落〟を嘆くキリスト教的 - 近代ロマン主義的な範型の典型である。これに対して、ニーチェの「反 - ヨーロッパ」は、まさしくヨーロッパ近代思想が「ルサンチマン」によってキリスト教的類型を払拭できないものになっていること自体に対する批判なのである。

わたしたちは、この二つのヨーロッパ批判において、果たしてどちらが強靭で根源的な可能性をもっているのかをよく吟味する必要がある。この両者をあいまいに混同することは許されないのだ。というのも、ヨーロッパの現代思想において、ニーチェとハイデガーは、ヘーゲルやマルクス主義に象徴される「近代ヨーロッパ的なもの」への対抗思想としてもっとも重要な源泉になっているからだ。おそらく、ニーチェの次のような言葉が両者の違いを象徴的に表現していると思える。

おわかりであろう、問題は苦悩の意味いかんであるということが。すなわち、はたしてキリスト教的意味なのか、はたして悲劇的意味なのかということである。前者の場合には、苦悩は或る神聖な存在にいたる道たるべきものである。後者の場合には、存在そのものが、巨大な苦悩をもなお是認するほど十分神聖であるとみなされる。悲劇的人間は最も苛烈な苦悩をもなお肯定する。彼は、そうしうるほど十分強く、豊満であり、神化されているからである。キリスト教的人間は地上の最も幸福な運命をもなお否定する。

（『権力への意志』四四二頁）

レヴィナスの独自性

さて、エマニュエル・レヴィナスが『実存から実存者へ』（一九七八年）（西谷修訳、ちくま学芸文庫、二〇〇五年）において、「イリヤ」（il y a =……がある）という概念を提出していることはよく知られている。この「イリヤ」は、ハイデガーの「エス・ギプト」としての「存在」概念に対抗する。ハイデガーの「存在」（エス・ギプト）は与えられたもの、贈り物という概念に通じるが、レヴィナスの「イリヤ」（存在）はただ単にあるのだ。

またハイデガーの「存在」が「死の不安」（＝存在しえないこと）に基礎づけられているとすると、レヴィナスの「存在」は、むしろ自由（主体）を奪われた状態で存在せざるをえないことへの「恐怖」に基礎づけられる。おそらくレヴィナスの存在概念のこのような独自性は、彼の捕虜収容所体験によるところが大きいと思える。

しかし、わたしの考えでは、レヴィナスがハイデガーの存在概念に対置するこのような対抗的対立項はそれほど重要ではない。レヴィナスのハイデガー批判で最も核心的なのは、ハイデガーの「存在了解」という概念への批判である。なぜ「存在了解」という考え方が批判の対象となるのだろうか。

レヴィナスによると、ハイデガーの「本来性」（＝人間のほんとう）は、主体の内側から「主体の形而上学」として現われている。主体の形而上学とは、主体が、「他者」や「世界」という自分の外部を自己化しつつ、そのことで自分と世界全体との調和に達するという予定調和的な考え方を意味する。これを代表するのは『精神現象学』におけるヘーゲルだが、レヴィナスはハイデガーをこのヘーゲル的思考を受けつぐものと見ている。そして、この「主体の形而上学」を支えるのが「存在了解」の概念なのである。

ハイデガーの「了解」の概念には、主体のうちに他者や事物を取り込み、自己化するというニュアンスがある。これは人間の実存を自己中心性として基礎づけることであって、ここからは、自己中心性の乗り超えは原理的に不可能だ。これがレヴィナスのハイデガー批判の要点である。

〈他者〉との関係

これに関連して、主著『全体性と無限』（一九六一年）でレヴィナスはこう言う。

> ギュゲースの神話は承認されないままに実存する〈自我〉の、そしてまた内面性の神話にほかならない。（『全体性と無限――外部性についての試論』合田正人訳、国文社、一

九八九年、七八頁）

ギュゲスはプラトンの『国家』で青年グラウコンの逸話に登場する羊飼いだ。身体が見えなくなる不思議な指輪を手に入れ、その力を使って王の地位を自分のものにする。ここでギュゲスの神話とは、どんなことをしても見えないために「他者」たちから批判されないという意味で、人間の絶対的な「自己中心性」の可能性を象徴している。

他者によって承認されないままの「内面性」、これが哲学における「自我」や「主観」の正体である。ここにあらゆる「自己中心性の可能性」の根拠が存在する。また、この自立した「自我」や「主観」こそが、「全体性としての世界」の観念の源泉でもある。「自我」－「全体性としての世界」というヨーロッパ哲学の伝統的な世界像に対抗すること。そこに現代の思想のもっとも重要な課題がある。これがレヴィナス思想の基本形である。

ところで、ここでレヴィナスの言う「全体性」という言葉は、一つは、『存在と時間』での「全体存在としての人間」という概念にかかわり、もう一つには、ハイデガーの「先駆的決意性」が共同体や民族の観念を介して、「全体主義的」な政治のイデオロギーに結びついている点にかかわっている。

ハイデガーの実存思想は、個々人の実存を共同体（＝民族）に結びつけ、また「全体性」と結びつくような必然性をどこかでもっていた。個々の実存が上位の「共同体」の原理へと吸収されるその思想の本質を批判しなくてはならない。レヴィナスがハイデガーの「存在了解」の概念を徹底的に批判するのは、そういうモチーフによっている。たとえばレヴィナスはこう書く。

存在一般の了解によっては〈他者〉との関係を支配しえないがゆえに、存在の了解ないし包括としての存在論は不可能なのだ。〈他者〉との関係のほうが存在一般の了解を左右するのである。(略）存在了解にしてからがすでに存在者に対して語られる。存在者は主題化されつつも主題の背後から再び出来する。このように「〈他者〉に対して語ること」、対話者としての〈他者〉とのこの関係、一存在者とのこの関係がいかなる存在論にも先立つ。（同書、五四―五五頁）

レヴィナスが言うのは、ハイデガーでは「存在論」こそが哲学の最優位の問題だとされたが、じつは「他者の関係」についての原理論こそ「存在論」に先行すべきであるということだ。これはしかし、どういうことだろうか。

「個人」と「全体」の予定調和説

何度も確かめてきたように、ハイデガーもまた時代の閉塞と頽廃を痛切に感じ取り、だからこそ哲学によって倫理的な規範の根拠を据えようとしたのである。彼はまず、人間存在が孤立した主体ではなく本質的に「共存在」として存在するということを、哲学的に基礎づけた。しかし、そこから人間の日常的生活を「頽落」と置き、そのことによって実存の「本来性」を根拠づけた。そして、人間がもしその「本来性」を自覚すれば本来的な「共存在」たりうる可能性が開けると考えた。

直観的に言って、人間の実存の「ほんとう」が個人的な生き方の「ほんとう」に終始するとしたら、そこには何かが足りないと誰でも感じるだろう。つまりハイデガーは、人間の「共存在」という本質が最高度に表現されるような状態を、人間の実存の「本来性」の究極モデルとして思い描いたのだ。しかし、まさしくその考えがファシズム＝全体主義のイデオロギーと結びつく危険性があるとすれば、その根本の理由はどこにあるだろうか。

レヴィナスの答えは、ハイデガーが実存の「本来性」（ほんとう）の根拠を主体の「存在了解」に基礎づけた点にその理由がある、ということになる。

ハイデガーによれば実存の「本来性」は、各人においてその生の絶対的な固有性、一回性、無根拠性などについての深い「了解」（＝自覚）によって取り戻されるべきものだった。それは「死への先駆」という形をとり、またこの「本来性」は「共存在の本来性」へ向かうべきものとされた。

これはどういうことか。端的に言えば、自己の実存の「存在意味」が「共存在」（＝共同体の中での存在）としてあることを深く了解する、ということだ。つまりそれは、人間はその「自己意識の自由」を最終的に社会的な存在意義において確認する、というヘーゲルの「自己意識」の哲学と、根本的には重なり合うものになる。

人間の「社会性」あるいは「倫理性」の根拠を「自己」や「主体」の自己了解のうちに置くこと、これは結局、個人の生をそれが属する共同体の「全体性」に繋ぐことに帰結する。つまり「個人」と「全体」との予定調和説に帰結する。しかしそれは、根本的には人間の自己中心性と共同体の自己中心性を乗り超えることができないのではないか。そうだとすれば、「存在了解」のうちに実存の「本来性」を根拠づけるという基本構想それ自体が、編みなおされなくてはならない――。

レヴィナスによるハイデガー批判の核心点は、おそらくここにある。「個人」が回りの世界を自己化しつつ「全体性」へと達する論理をいかに批判するか。このような批判の力点はレヴィナスのほか、バタイユやブランショなどにも見られるが、おそらくこれを最も明確に哲学的な論理として提出したのがレヴィナスなのである。

「生への愛」それ自体

レヴィナスの「自己中心性」克服の試みは、具体的には二つの中心を持っている。

一つは、ちょうどハイデガーがニーチェやフッサールに向かって、「意志」や「主観」に対する「存在」の権利的先行性を強調したように、ヘーゲルやハイデガーに対して「主体」や「了解」に対する「他者」の権利的先行性を根拠づけるという作業である。たとえば、すでに見たように「エス・ギプト」に対しては「イリヤ」が対置され、また「気遣い」という概念に対しては「享受」という概念が立てられる。レヴィナスによれば、「気遣い」の中には人間存在の根源的な「自己中心性」が含意されている。「実存」の本質は「享受」であるとは、実存の核心は必ずしも自己中心性ではなく、むしろ「生への愛」それ自体であるということを意味する。

このような仕方でレヴィナスは、ハイデガーの基本概念を一つずつ逆転させる。そのことで彼は、人間の「倫理関係」(＝他者の形而上学)を「存在論」の上位に置こうとするのだ。もう一つは、「他者の形而上学」を描き上げることである。レヴィナスにおいて「他者」は、たとえば、「異邦人」、「貧者」、「孤児」といった人間たちの「顔」という相で現われる。次のようなテクストが象徴的である。

異邦人の視線は哀願し、有無を言わせぬ仕方で要求をつきつける。いや、異邦人の視線はそもそも有無を言わせぬ仕方で強要するものであるからこそ哀願しうるのだ。異邦人の視線はすべてを奪われている。なぜなら、異邦人の視線はすべてに対して権利を有しているからである。われわれは贈与することでこの異邦人の視線を承認する。(略)そして、異邦人のこのような視線こそまさに顔が顔として公現することなのだ。(略)他者を承認すること、それは飢えを認めることである。〈他者〉を承認すること、それは与えることである。(同書、一〇三頁)

人間における「他者関係」の基本形は、けっして対等な人間関係ではない。むしろ自他の境遇におけるその格差、そこから生じる、求め、求められるという関係、つまり哀願し、されれ、贈与し、されるといった相互的関係の可能性にある。そうレヴィナスは言う。

つまり人間関係の原型はけっしてヘーゲルの言うような対等な「相互承認」ではありえない。むしろ、助けを求め、求められるという関係、手を差し伸べたり、「贈与」したりすること。こういう関係を作り上げることによって、はじめて人間は人間世界の「普遍性を創設」するのである、と。

レヴィナスのまっとうな発想

これは、大変興味深い考え方と言わなくてはならない。レヴィナスによれば、人間関係の本質はそれが倫理的な関係でなくてはならないのではない。むしろ、いま述べたような意味で、つねにすでに本質的に「倫理的なもの」なのである。他者と「関係」するとは、対等な人間として向き合うというより、他人の飢えや苦しみを受け取る（あるいは受け取れない）という可能性の前に立つことである。そして、それが他人を他人として認めるということの前提である。こう考えることによってはじめて人間の「共存在」は、「〈自我〉や〈他人〉に先行する一個のわれわれ」であることを超えうる可能性をもつだろう。レヴィナスはそう言うのだ。

わたしの見るところ、レヴィナスの批判は、さきに見たデリダやリオタールの批判などとやはりそうとう違っている。彼らの場合、さきに見たように、一方でナチズムの思想的土台となったハイデガーを〝脱構築〟しつつ、しかしその反‐ヨーロッパ中心主義、反‐形而上学、反‐ロゴス主義の観点は保存したいという両義性につきまとわれている。ここでは、ヨーロッパ近代は重要な「存在忘却」によって傲慢な人間中心主義に「頽落」しているという文脈が、ハイデガーと共有されているのだ。

レヴィナスにもこのような「反‐ヨーロッパ」的な思考の影がないわけではない。しかし、レヴィナスの思想の核をなしているのは「頽落史観」的なものとは言えない。つまり、人間社会が矛盾に満ちている以上、人間の存在構造のうちにある根本的な〝歪み〟（非本来性）があるはずだ、という発想ではけっしてない。

むしろレヴィナスの発想の形は逆向きになっている。つまり、世界は矛盾に満ちているが、人間存在はまたつねにこれに抗ってきた。そうであるなら、人間の生活のうちに、何らかのかたちで「自己中心性」を乗り超えうる原理が内在するはずであり、またそうである以上、この原理を取り出すことができるはずである。レヴィナス思想の始発点は、そういう場所にある。そして、この発想をわたしは大変正しいものと思う。

奇妙な共通性

さて、レヴィナスはこのような仕方で、ハイデガーの「主体の形而上学」に、「他者の形而上学」を対置した。だが、これはハイデガー思想を十分に超えうるものだろうか。

レヴィナスのモチーフは、ヘーゲル‐ハイデガー的な「主体」が「全体性」へと結びつくその必然性を断ち切るところにあった。しかし、レヴィナスが批判するようなハイデガーの「主体」は、『存在と時間』におけるそれに対応しており、見てきたように、後期ハイデガーでは、むしろ、人間存在の「主体性」はできうるかぎり排除され、人間は「存在」の主人ではなく「牧人」であること、「主体性」を空しくして「存在の真理」に聴き従うべきことが強調されていた。

するると、ある意味で、主体の「主体性」を「他者」によって審判すべきものとするレヴィナスの思考と、これを「存在」の本源性から「頽落」したものとするハイデガーの後期の思考には、奇妙な共通性が存在すると言える。おそらく、この問題の核心は、思想的に「主体」の問題をどう遇するかということにかかわっている。

ハイデガーの『存在と時間』の特質は、それがまさしく「自己了解」の哲学であるという点にある。人間存在の〝本質〟は彼自身の自己了解のあり方によって規定される。これが実存哲学の第一の要諦である。『存在と時間』が登場したときの衝撃的な力も、おそらくそこに由来していたと思う。

思想は、それがどんなものであれ、結局その人間自身の固有の「生」のうちで生きられる。思想が社会の中で一般的に、また公共的に〝通用〟する仕方と、それが各個人によって生きられるその本質はまったく異質なものである。おそらくこのような直観が、ハイデガーの「自己了解」の思想の根本にひそんでいたとわたしは思う。思想はある「理想」を思い描き、そこに到達する可能性を探究するが、それはしかも必ず各人の実存の条件をくぐらざるをえない。ここにいつでも思想というものの難関がある。ハイデガーの哲学のもっとも深いモチーフは、したがって、思想が各人の実存の条件をくぐり抜け、しかも「共存在」（＝社会性）に達するような道の可能性を取り出すことだったと思う。そして、この可能性の核心をなすのが、「了解」（自己了解）の概念なのである。

「よいこと」、「ほんとう」への企投が、どんな外部的な要請や命令からでもなく、自己自身の納得と了解の内から生じる原理を見出すこと、これこそが実存の思想と社会の思想とがつながれる可能性の核心なのである。だからこそ、ハイデガーが「現」－「自己了解」という系列に実存哲学を基礎づけたことの独創があるのであって、彼があらかじめこの「自己了解」の概念を手放していたら、その哲学は単にカント的道徳哲学の変奏形となっていたに違いない。

ところが、くわしく見てきたように、ハイデガーはこの概念を後期になって棄てる。「自己了解」は自己の企投というニュアンスを徹底的に削ぎ落とされ、「存在」それ自身から贈られる「真理」の声を無心に聞き取ることへと変更させられる。これはつまり、人間が「自己中心性」を超え出る可能性の根拠を「主体」、「自己」、「自己了解」の〝外部〟に置く、ということを意味するのである。

内発的な「外部」

つまり、後期ハイデガーは人間が「よきこと」へ向かう心の根拠を「存在」それ自身に置き、レヴィナスはこれを「他者」に置いていると言えるだろう。現在、わたしたちはこれを一見して、まずレヴィナスの根拠の方に優位を置こうとするに違いない。しかし事態はそう簡単ではないと思う。

レヴィナスの考察の優れたところは、わたしの考えでは、「理想がなくてはならない」ということから出発する代わりに、「人間が社会を営んできた以上、善きこと、ほんとうの根拠と原理が、人間の生活のうちに見出されるはずだ」と考えたことである。そして彼は、この原理を、象徴的に言えば、「私」と「他者」の存在条件に差があるとき、「貧者、寡婦、異邦人、孤児」たちの「顔の公現」が「私」に必ずある種の「正義」を要請するその力に根拠づけるのである。

しかし、ここにハイデガーの場合と似たような〝顚倒〟があるとわたしには思える。それをひとことで言えば、「他者との関係」のうちにこそ人間がその「自己中心性」を乗り超えうる原理があるという直観と、「他者」以外には「自己中心性」を否認する（超え出る）根拠の原理はけっしてないという直観とはまったく別のものだ、ということになる。レヴィナスはしかし、前者から出発しながら後者へと辿りついたというのがわたしの考えだ。

レヴィナスの思想にはとても魅力的なところがある。わたしたちは、レヴィナスにそう指摘されて、たしかに誰でもある場合には、「貧者、寡婦、異邦人、孤児」たちに手を差し伸べうる心をもっていることに気づかされる。しかし、その根本の理由は、レヴィナスが言うように他者関係が「本質的に倫理的」であるからというより、むしろそういう事実の中で、自己自身のうちに「自己中心性」を乗り超える可能性の原理を直観するからではないだろうか。

というのも、もし「自己中心性」を超え出る原理が人間の「主体」(＝自己了解)の本質のうちに存在するのでなければ、「ほんとう・よい・美しい」という人間的「価値」は、結局ある〝外〟からの要請や命令によってしか成立しないことになるからだ。なるほど、わたしたちはさまざまな場面で自分の「自己中心性」を乗り超えるとき、そこにたしかにある「外部」を直観することがある。しかし、おそらくそれは、けっして「人間」の外部にある何かではなく、「自己」それ自身のうちから自らを告げ知らせるような、いわば内発的な「外部」なのである。

さまざまな試みの影絵

さて、わたしたちは、「自己中心性」を克服して「ほんとう」の根拠を求めようとする大きな哲学的試みの帰趨を辿ってきて、この問題の難関の所在に気づく。自己自身が「自己中心性を超え出る原理と可能性」をいかに取り出すことができるか。これが共通して立てられた問題設定だった。この問題をいかに厳密な方法で掘り進めることができるか。これは依然として、実存哲学における重要な課題でありつづけていると思う。

たとえばニーチェはヨーロッパ形而上学への批判から出発して、この実存の問題の核心にかぎりなく近づいた。ハイデガーは逆向きになっている。彼は実存の問題から出発して、反

－ヨーロッパ、反－近代、反－形而上学、反－技術主義といった文明批判へと着地した。人間の生は空虚と苦悩が支配し、世界は矛盾に満ちている。この出発点は、一九世紀プロイセン・ドイツのニーチェにおいても、第一次大戦後のハイデガーにおいても変わらなかっただろう。だが、この世界の「苦悩の意味」をどう考えるか。

ハイデガーはこの局面で、『創世記』の人間が禁断の木の実に触れて「頽落」したという、あの類型において現実批判のモデルを作り上げた。しかし、重要なのは、このモデルはまさしく二〇世紀において社会批判や文明批判の典型的な類型となり、現在すでにその批判思想としての限界を露呈し尽くしているということだ。

もちろん、この批判の類型は実際には、いまでもさまざまな形をとって生きつづけている。わたしたちはこれを超え出る思想を十分に育てているわけではないからだ。この類型はあるときにはファシズム、あるいはスターリニズム、またカルト的な新興宗教という極端な形をとった。それは二〇世紀における人々の社会矛盾の「意識」の形態として、普遍的なものだったのだ。

だから、さまざまな現代思想のうちに、わたしたちはしばしばこの「ハイデガー的な」声の響きを聞くことになる。もちろん、それをただちにハイデガー的＝ファシズム的と考える必要はない。そうではなく、それらは、社会の矛盾の意識に押されて人間の生活の内から「ほんとう」や「よい」の根拠を取り出そうとし、しかし二〇世紀的な現実の前で挫折したさまざまな思想の試みの影絵なのである。

注

（1）「〝デリダ派〟をめぐる抗争」↓　これについての詳しい事情は、ラクー＝ラバルト『政治という虚構』の訳者・浅利誠の「あとがき」解説や、西谷修の「ハイデガーの褐色のシャツ」（『不死のワンダーランド』講談社学術文庫、一九九六年所収）などを参照するといい。

（2）「観念的テロリズムの問題」↓　これに関しては、笠井潔の『テロルの現象学』（ちくま学芸文庫、一九九三年）が必読の書である。

（3）「転回」について↓　一九三〇年の講演「真理の本質について」で思想上の「転回」がはっきりした、とここで語っている。

（4）「聖なる次元」↓　ハイデガーは『ヒューマニズムについて』で、現代社会の特質は、そこで「聖なるものの次元」が閉鎖されていることにある、と述べている。

ブックガイド

前期ハイデガーを読むために──『存在と時間』を中心に

・『存在と時間』については、原佑・渡辺二郎訳、原佑責任編集『ハイデガー』（「世界の名著」74）、中央公論社（中公バックス）、一九八〇年（のち、全三冊、中央公論新社（中公クラシックス）、二〇〇三年）や、細谷貞雄・亀井裕・船橋弘訳、『ハイデッガー選集』第一六─七巻、理想社、一九六三─六四年（のち、細谷貞雄訳、全二冊、ちくま学芸文庫、一九九四年）がある。細谷訳は読みやすい感じを出している。原訳は少し堅苦しいが、意味としてはこちらがよく通る場合もある。本書では「気遣い」や「情状性」などのニュアンスを捨てがたく、原訳を取った。なお、最近のものとしては、熊野純彦訳（全四冊、岩波文庫、二〇一三年）と高田珠樹訳（作品社、二〇一三年）がある。

・『存在と時間』のガイドとしては、渡邊二郎編『ハイデガー「存在と時間」入門』（講談社学術文庫、二〇一一年）がある。

・欲望相関図式については、ニーチェ『権力への意志』（原佑訳、河出書房新社（「世界の大思想」II－9）、一九七二年）の第三書、II「自然における権力への意志」あたりによくうかがえる。メルロ＝ポンティは『知覚の現象学』（全二冊、竹内芳郎・小木貞孝・木田元・宮本忠雄訳、みすず書房、一九六七─七四年）。フッサール現象学については、拙著『現象学入門』（ＮＨＫブックス、一九八九年）あるいは『はじめての現象学』（海鳥社、一九九三年）を勧めます。

・「死」の考察に関しては、ヘーゲル『精神現象学』（『精神の現象学』全二冊、金子武蔵訳、岩波書店、二〇〇二年／『精神現象学』全二冊、樫山欽四郎訳、平凡社ライブラリー、一九九七年）、ジョルジュ・バタイユ『呪われた部分』（生田耕作訳、『ジョルジュ・バタイユ著作集』第六巻、二見書房、一九七三年）、ミシェル・フーコー『言葉と物――人文科学の考古学』（渡辺一民・佐々木明訳、新潮社、一九七四年）など。

・時間論では、滝浦静雄『時間――その哲学的考察』（岩波新書、一九七六年）、木村敏『自己・あいだ・時間――現象学的精神病理学』（ちくま学芸文庫、二〇〇六年）など。

・ドストエフスキーの小説では、『罪と罰』（全三冊、江川卓訳、岩波文庫、一九九九―二〇〇〇年）、『白痴』（全二冊、米川正夫訳、岩波文庫、一九九四年）が面白い。

後期ハイデガーを読むために

・『ハイデッガー選集』全三三巻、理想社、一九五四―八三年。

・木田元『ハイデガーの思想』（岩波新書、一九九三年）、原佑『ハイデッガー』（新装版、勁草書房、一九九六年）、ジョージ・スタイナー『マルティン・ハイデガー』（生松敬三訳、岩波現代文庫、二〇〇〇年）、ヴァルター・ビーメル『ハイデガー』（茅野良男監訳、理想社、一九八六年）などが読みやすい。大胆な整理と明快さでは、西研『実存からの冒険』（ちくま学芸文庫、一九九五年）のハイデッガー論を忘れてはいけない。

・渡辺二郎の『ハイデッガーの実存思想』（新装第二版、勁草書房、一九八五年）と『ハイデッガーの存在思想』（新装第二版、勁草書房、一九八五年）は浩瀚な研究書。カール・レーヴィット『ハイデッガー――乏しき時代の思索者』（杉田泰一・岡崎英輔訳、未来社、一九六八年）は批判的ハイデガー論として古典的である。

・「イデア論」については、プラトン『パイドロス』（改版、藤沢令夫訳、岩波文庫、二〇一〇年）、『饗宴』（改版、久保勉訳、岩波文庫、二〇〇八年）、『国家』（改版、全二冊、藤沢令夫訳、岩波文庫、二〇〇八年）などが代表的。近代認識論としてのカントを知るためには、『純粋理性批判』（全三冊、篠田英雄訳、岩波文庫、一九六一―六二年）。

・ヴィクトル・ファリアス『ハイデガーとナチズム』（山本尤訳、名古屋大学出版会、一九九〇年）、西谷修『不死のワンダーランド――戦争の世紀を超えて』（講談社学術文庫、一九九六年／増補新版、青土社、二〇〇二年）はナチズム関係を軸とするハイデガー批判。

・ジャック・デリダ『精神について――ハイデッガーと問い』（新版、港道隆訳、平凡社ライブラリー、二〇一〇年）、フィリップ・ラクー＝ラバルト『政治という虚構――ハイデガー、芸術そして政治』（浅利誠・大谷尚文訳、藤原書店、一九九二年）、ジャン＝フランソワ・リオタール『ハイデガーと「ユダヤ人」』（本間邦雄訳、藤原書店、一九九二年）。

・笠井潔の推理小説『哲学者の密室――ダッソー家殺人事件』（創元推理文庫、二〇〇二年）は、ハイデガー哲学対レヴィナス哲学のせめぎあいが中心テーマになっている。これを読むと、両者の哲学の全体像やその時代背景が大変よく分かる。笠井潔『テロルの現象学――観念批判論序説』（ちくま学芸文庫、一九九三年／新版、作品社、二〇一三年）。

・ハイデガー主体の形而上学批判については、モーリス・ブランショ『明かしえぬ共同体』（西谷修訳、ちくま学芸文庫、一九九七年)、ジャン＝リュック・ナンシー『無為の共同体——哲学を問い直す分有の思考』(西谷修・安原伸一朗訳、以文社、二〇〇一年)などが参考になるが、そうとう難解。

・エマニュエル・レヴィナスについては、『実存から実存者へ』(西谷修訳、ちくま学芸文庫、二〇〇五年)、『全体性と無限——外部性についての試論』(改訂版、合田正人訳、国文社、二〇〇六年)。

ハイデガー哲学の本領は、後期の存在思想ではなく、やはり『存在と時間』における実存哲学にある、というのがわたしの考えだ。その理由については、本論でくわしく書いたからここでは触れない。

ところで、一般に「実存」という言葉は、いったいどのようなものとして生きているのだろうか。わたしは、『存在と時間』から非常に多くのものを受け取ったと自分なりに思っている。けれど、たとえば現代思想のシーンで、ニーチェやフロイトやソシュールやヴィトゲンシュタインやヘーゲル、そして後期ハイデガーの思考は、あらゆるところで目撃することができるが、ハイデガーの「実存」の思想がそこでよく生きているという感触はあまり持ったことがない。

「実存」という言葉をどう理解すればいいか、と考えて、わたしに二つのことが思い浮かぶ。

一つは、ドストエフスキーの『地下生活者の手記』に出てきた、いま飲みたい一杯のお茶のためなら「世界」が滅んだってかまわない、といった人間の心性。もう一つは、アベ・プレヴォーの『マノン・レスコー』やエミリー・ブロンテの『嵐が丘』に現われる、この一瞬のためならば身を滅ぼしてもいいという人間の欲望超越性、である。

前者は、わたしの中では次のような問題のかたちをとった。世の中にはさまざまな美しい（あるいは正しい）「理想」や「理論」がある。しかし、その「理想」や「理論」の正しさそれ自体と、各人がそれを自分の中でどう生かすか（遇するか）という問題は、まったく別の本質をもっている。

「世の中はこうあるのが正しい」という理想が、「一杯のお茶のためには（つまりある欲望のためには）世界が滅びたっていい」という実存の論理に優越する根拠は一体どこにあるだろうか。これは一つの難問だが、このアポリアをクリアできない思想は思想として現代に耐ええない。実存の問題は、まさしくそのような問題であるために、人間の理想や倫理の問題と最も深い場所でかかわっている。そしてわたしは、この問題を倫理と思想の最も重要な課題として自覚していたのは、ニーチェとハイデガーだったと思っている。

もう一つの問題。村上春樹の小説のセリフに、〈まずまずの素晴らしいものを求めて何かにのめり込む人間はいない、九の外れがあっても一の至高体験を求めて人間は何かに向かっていくんだ〉というのがあった（『国境の南、太陽の西』）。これはすなわち、「欲望の超越性」の問題である。

わたしの考えでは、ハイデガーの超越性は、いわば「死の不安」の〝打ち消し〟として生きていて、その〝乗り超え〟として生きていない。そこがハイデガーの最大の弱点になった。しかし、ハイデガーが、現象学の「意識」への還元を「現」や「気遣い」の分析という課題へと変換したとき、彼は、おそらくプラトン以来、人間の欲望の問題を掘り進むための正当な扉をはじめて開いた、とわたしは思う。

実存思想としてのハイデガーとニーチェの思考の精髄は、必ずやつぎの世紀にまで生き延びるに違いない。

いまハイデガーを、とすすめてくれた鷲尾賢也氏、やっかいな作業を黙々とこなしてくれた編集担当の園部雅一氏に、この場を借りて感謝の意を表したい。

一九九五年九月二一日

竹田青嗣

学術文庫版あとがき

若い頃、長く深い「死」への恐れがあった。そのため『存在と時間』に出会ったときの大きな衝撃は忘れがたい。「死」について、かくも哲学的に、また厳密な仕方で考える方法があるとは思いもしなかった。のちに、『存在と時間』におけるハイデガーの思考の方法が、フッサールが提唱した「本質観取」の方法の見事な範例であることにも深く納得した。

「本質観取」はフッサール現象学の看板である「現象学的還元」(それは認識問題の解明のための根本方法として示された)を応用した方法で、ことがらの最も重要な核心を、実証的・悟性的な分析ではなく、視線を自分自身の生の内的経験へ向け、その内的洞察において取り出す。基礎概念をおいたのはフッサールだが、わたしの考えでは、すぐれた哲学的考察には必ずすぐれた「本質観取」を見出すことができる。プラトンの「エロス論」(とくに『パイドロス』)、デカルトのコギト論、ヒュームの認識論、ヘーゲルの「自由」の本質論、ニーチェの「力の思想」、バタイユの「エロティシズム論」、そしてハイデガーの実存哲学における諸洞察。「世界の世界性」、「内存在」(人間実存の本質)、「死」の本質洞察、そして「時間論」などは、最もすぐれた哲学的本質洞察の範例とされてよい。

さて、ハイデガーは、現在ではニーチェ以上に〝問題的〟哲学となっている。その中心をなすのは、おそらくつぎの二点である。

まず、近年ハイデガーの「黒ノート」と呼ばれる手記が公となって話題を呼んだ。これに象徴されるハイデガーのナチズム寄与と反ユダヤ主義についての疑惑がある（ハイデガーのナチズム関与については本書でも触れている）。彼が個人的に反ユダヤ的心情の持ち主であったかどうかは、さほどわたしの興味をひかないが、それでもハイデガーの「本来性」の概念で示される根本的実存理念が、ゲルマン民族中心主義と結びつくような危険性がないとはいえない。

もう一つは、もし現代哲学の中心軸が「言語論的転回」という概念で示されるとすれば、たとえば現代の言語哲学の雄たるヴィトゲンシュタイン（前期）の見解からは、ハイデガー存在論はまったく真偽にかかわりえない抽象的言語によって編まれた「ナンセンス」、一般に「形而上学」と呼ばれるものの代表とみなされるだろう。

ハイデガー哲学は、一方で、ポストモダン思想家たちの重要な理論的後ろ楯となり、その影響の大きさから見ても二十世紀最大の哲学者としての地位を確立しているようにみえる。しかし、もう一方で、右にみたような〝問題点〟を抱えて、つねに批判を受けている。このことを踏まえて、現在のわたしのハイデガーに対する見解をできるだけ率直に述べてみよう。

ハイデガー哲学は、大きな功罪の両面をあわせもっている。そして、その双方ともに飛び抜けて際立ったものである。

　わたしが認めるハイデガー哲学の第一の功績は、ニーチェとフッサールが二十世紀前後に敢行したヨーロッパ哲学における「本体論」の解体という巨大な〝事業〟を引き受け、それをさらに一歩推し進めようとした点にある。「本体」（ヌーメノン）の解体とは、ヨーロッパ哲学が長くそれにアクセスしようと努力してきた世界それ自体、物自体、性質自体、価値自体、事実自体といった観念であり、ニーチェが「遠近法」の概念（生の力が世界を分節する）によってそれらの観念の〝虚妄〟を主張することで開始された。

　さらにフッサールは、これを「客観世界」の観念の背理という言い方で受け継ぎ、ヨーロッパ哲学における認識論の難問の解明へと推し進めた。主客一致や言語的意味の規定不可能性といった認識論的難問の根源が、この「本体」の観念にあることが示されたのである（しかし、このことはまだ十分に理解されているとはいえない）。

　ハイデガー哲学の精髄をひとことでいえば、フッサールが認識問題の解明の切り札とした「本質観取」（現象学的還元の応用）の方法を実存論哲学へと転移し、人間存在についての見事な本質的洞察を敢行したことにある。そして、ここでは、フッサールの認識論的文脈を超えて、ニーチェの「力」の思想による価値論的、あるいはエロス論的ディスクールが実存論として生かされている。

　わたしの考えをいえば、いま述べたこと、ニーチェとフッサールによる「本体論」の解体という決定的な「転回」も、ハイデガーによるその実存論的・価値論的受け継ぎということも、現代哲学（思想）では十分に理解されているとは言えない。その理由は、現代哲学（思想）が総じて相対主義的批判、そして言語論的転回という二本の基軸をめぐって進んだために、実存論および価値論という哲学的主題が完全に閑却視されたからである。

ともあれ、ハイデガーは、ニーチェとフッサールの〝事業〟を受け継ぎ、これを実存論哲学の新しい方法原理として刷新することによって、人間の生の本質とその意味の探究という哲学本来の主題が現代哲学において枯渇することから救った、とわたしは考える。この業績はどれほど評価してもしすぎることはない。

しかし、一方で大きな問題点もある。本書でも記したように、後期ハイデガーは『存在と時間』における実存哲学、人間存在の本質洞察の哲学を〝転回〟して、「存在」そのものの探究へと向かった。これを象徴するのが『形而上学入門』における、「なぜ存在者があって、無があるのでないのか」という問いこそ哲学の最も根源の問いである、というテーゼである。そして、この「存在」そのものへの探究は、ニーチェ哲学からはまがいもなく「本体」の探究への回帰を、言いかえれば古い「形而上学」への反動的回帰を意味するであろう。またこのことこそ、後期ハイデガーが大著『ニーチェ』によってニーチェとの格闘に全エネルギーを傾注したことの理由でもある。わたしは新しい著作『欲望論』（講談社より近刊予定）で両者の哲学的対立を詳細に論じたが、この二人の格闘は、ヨーロッパ哲学にとって、いわば哲学の未来の方向を決定づけるような重要性をもっている。わたしの考えでは、後期ハイデガーは、伝統的な「神」の観念の代わりに「存在」の概念を超越項とする危険な場所に進み出ている。

だが、そのような重要な問題点にもかかわらず、哲学者としてのハイデガーは、まさしく二十世紀最大の哲学者の一人と呼ぶにふさわしい存在である。もういちど言えば、その精髄は、実存哲学における人間存在の本質洞察にある。『存在と時間』をわたしは繰り返し読むが、何度読んでもそのつど新しい発見がありその本質洞察の深さに驚く。哲学を学ぶ者にとっては、ハイデガーが示す思考の運動の卓越はおそらく〝永遠の古典〟であろう。

＊

『ハイデガー入門』は、講談社選書メチエとして一九九五年に出版されたものだが、今回、講談社学術文庫から新しく刊行されることになった。再刊に際して、編集の互盛央さんにお世話になり、こまかな点もチェックしていただいた。この場を借りて感謝したい。

二〇一七年二月　　竹田青嗣

KODANSHA

本書の原本は、一九九五年に講談社選書メチエとして小社から刊行されました。

竹田青嗣（たけだ　せいじ）

1947年生まれ。哲学者。早稲田大学名誉教授。主な著書に，『プラトン入門』，『言語的思考へ』，『人間的自由の条件』，『完全解読　カント『純粋理性批判』』，『完全解読 フッサール『現象学の理念』』ほか多数。

講談社学術文庫

定価はカバーに表示してあります。

ハイデガー入門《にゅうもん》

竹《たけ》田《だ》青《せい》嗣《じ》

2017年４月10日　第１刷発行
2024年４月15日　第５刷発行

発行者　森田浩章
発行所　株式会社講談社
東京都文京区音羽 2-12-21 〒112-8001
電話　編集（03）5395-3512
販売（03）5395-5817
業務（03）5395-3615
装　幀　蟹江征治
印　刷　株式会社ＫＰＳプロダクツ
製　本　株式会社国宝社
本文データ制作　講談社デジタル製作

ISBN978-4-06-292424-5

「講談社学術文庫」の刊行に当たって

これは、学術をポケットに入れることをモットーとして生まれた文庫である。学術は少年の心を養い、成年の心を満たす。その学術がポケットにはいる形で、万人のものになることは、生涯教育をうたう現代の理想である。

こうした考え方は、学術を巨大な城のように見る世間の常識に反するかもしれない。また、一部の人たちからは、学術の権威をおとすものと非難されるかもしれない。しかし、それはいずれも学術の新しい在り方を解しないものといわざるをえない。

学術は、まず魔術への挑戦から始まった。やがて、いわゆる常識をつぎつぎに改めていった。学術の権威は、幾百年、幾千年にわたる、苦しい戦いの成果である。こうしてきずきあげられた城が、一見して近づきがたいものにうつるのは、そのためである。しかし、学術の権威を、その形の上だけで判断してはならない。その生成のあとをかえりみれば、その根は常に人々の生活の中にあった。学術が大きな力たりうるのはそのためであって、生活をはなれた学術は、どこにもない。

開かれた社会といわれる現代にとって、これはまったく自明である。生活と学術との間に、もし距離があるとすれば、何をおいてもこれを埋めねばならない。もしこの距離が形の上の迷信からきているとすれば、その迷信をうち破らねばならぬ。

学術文庫は、内外の迷信を打破し、学術のために新しい天地をひらく意図をもって生まれた。文庫という小さい形と、学術という壮大な城とが、完全に両立するためには、なおいくらかの時を必要とするであろう。しかし、学術をポケットにした社会が、人間の生活にとってより豊かな社会であることは、たしかである。そうした社会の実現のために、文庫の世界に新しいジャンルを加えることができれば幸いである。

一九七六年六月

野間省一

西洋の古典

2566
全体性と無限
エマニュエル・レヴィナス著／藤岡俊博訳

特異な哲学者の燦然と輝く主著、気鋭の研究者による渾身の新訳。二種を数える既訳を凌駕するべく、原書のあらゆる版を参照し、訳語も再検討しながら臨む。次代に受け継がれるスタンダードがここにある。 電P

2568
イマジネール
想像力の現象学的心理学

ジャン＝ポール・サルトル著／澤田　直・水野浩二訳

「イメージ」と「想像力」をめぐる豊饒なる考察——ブランショ、レヴィナス、ロラン・バルト、ドゥルーズなどの幾多の思想家に刺激を与え続けてきた一九四〇年刊の重要著作を第一級の研究者が渾身の新訳！

2569
ルイ・ボナパルトのブリュメール18日
カール・マルクス著／丘沢静也訳

一八四八年の二月革命から三年後のクーデタまでの展開を報告した名著。ジャーナリストとしてのマルクスの舌鋒鋭くもウィットに富んだ筆致を、実力者が達意の日本語にした、これまでになかった新訳。 電P

2570
レイシズム
R・ベネディクト著／阿部大樹訳

レイシズムは科学を装った迷信である。人種の優劣や純粋な民族など、存在しない——ナチスが台頭しファシズムが世界に吹き荒れた一九四〇年代、『菊と刀』で知られるアメリカの文化文類学者が鳴らした警鐘。 電P

2596
イミタチオ・クリスティ
キリストにならいて

トマス・ア・ケンピス著／呉　茂一・永野藤夫訳

十五世紀の修道士が著した本書は、『聖書』についで多くの読者を獲得したと言われる。読み易く的確な論しに満ちた文章が、悩み多き我々に安らぎを与え深い瞑想へと誘う。温かくまた厳しい言葉の数々。 電P

2677
我と汝
マルティン・ブーバー著／野口啓祐訳（解説・佐藤貴史）

経験と利用に覆われた世界の軛から解放されるには、全身全霊をかけて相対する〈なんじ〉と出会わねばならない。その時、わたしは初めて真の〈われ〉となるのだ——。「対話の思想家」が遺した普遍的名著！ 電P

西洋の古典

2700
方法叙説
ルネ・デカルト著／小泉義之訳

われわれは、この新訳を待っていた――デカルトから出発した孤高の研究者が満を持してみずからの原点に再び挑む。『方法序説』という従来の邦題を再検討に付すなど、細部に至るまで行き届いた最良の訳が誕生！ 電P

2701
永遠の平和のために
イマヌエル・カント著／丘沢静也訳

哲学者は、現実離れした理想を語るのではなく、目の前の事実から出発していかに「永遠の平和」を実現できるのかを考え、そのための設計図を描いた――従来の邦訳が与えるイメージを一新した問答無用の決定版新訳。 電P

2702
国民とは何か
エルネスト・ルナン著／長谷川一年訳

「国民の存在は日々の人民投票である」という言葉で知られる古典を、初めての文庫版で新訳する。逆説的にもグローバリズムの中で存在感を増している国民国家の本質とは？ 世界の行く末を考える上で必携の書！ 電P

2703
個性という幻想
ハリー・スタック・サリヴァン著／阿部大樹編訳

対人関係が精神疾患を生み出すメカニズムを解明し、いま注目の精神医学の古典。人種差別、徴兵と戦争、プロパガンダ、国際政治などを論じ、社会科学の中に精神医学を位置づける。本邦初訳の論考を中心に新編集。 電P

2704
人間の条件
ハンナ・アレント著／牧野雅彦訳

「労働」「仕事」「行為」の三分類で知られ、その絡み合いの中で「世界からの疎外」がもたらされるさまを描き出した古典。はてしない科学と技術の進歩の中、人間はいかにして「人間」でありうるのか――待望の新訳！ 電P

2749
宗教哲学講義
G・W・F・ヘーゲル著／山﨑　純訳

ドイツ観念論の代表的哲学者ヘーゲル。彼の講義は人気を博し、後世まで語り継がれた。西洋から東洋までの宗教を体系的に講じた一八二七年の講義に、一八三一年の講義の要約を付す。ヘーゲル最晩年の到達点！ 電P